Die chinesischen und mandschurischen Zierschriften

GIOVANNI STARY

Die chinesischen und mandschurischen Zierschriften

Mit 64 Tafeln
und 12 Abbildungen im Text

HELMUT BUSKE VERLAG HAMBURG

Im Digitaldruck »on demand« hergestelltes, inhaltlich mit der ursprünglichen Ausgabe identisches Exemplar. Wir bitten um Verständnis für unvermeidliche Abweichungen in der Ausstattung, die der Einzelfertigung geschuldet sind. Weitere Informationen unter: www.buske.de/bod.

Bibliographische Information der Deutschen Nationalbibliothek

Die Deutsche Nationalbibliothek verzeichnet diese Publikation in der Deutschen Nationalbibliographie; detaillierte bibliographische Daten sind im Internet über ‹http://portal.dnb.de› abrufbar.
ISBN 978-3-87118-428-4

 Gesamtherstellung: BoD, Norderstedt. Gedruckt auf alterungsbeständigem Werkdruckpapier, hergestellt aus 100 % chlorfrei gebleichtem Zellstoff. Printed in Germany.

Dem Andenken
des Lehrers und Freundes
Prof. Dr. Walther Fuchs

Herrn Professor Dr. Walther Heissig, Direktor des Seminars für Sprach- und Kulturwissenschaft Zentralasiens der Universität Bonn, möchte ich an dieser Stelle für sein stetes Interesse und seine uneingeschränkte Hilfe meinen herzlichsten Dank aussprechen.

Weiters geht mein Dank an die Alexander-von-Humboldt-Stiftung, Bonn, die es mir durch ein Stipendium ermöglichte, diese Arbeit zu Ende zu führen, sowie an die Library of Congress, Washington D.C., die mir die Schriftmuster zur Verfügung stellte.

INHALT

I Zur Einleitung: Die Zierschriften in China

Wohl kaum eine Schriftart eignete sich besser als die Zeichenschrift der Chinesen, der menschlichen Phantasie als Gegenstand künstlerischen Schaffens zu dienen.

Seit Jahrtausenden steht daher in China die Kunst der Kalligraphie mit der Malkunst auf einer Ebene und mit Recht wurden berühmten Kalligraphen die gleichen Ehren zuteil, die den grossen Malern des Reiches der Mitte beschieden waren.

Die Entwicklung vom reinen, nur der Kommunikation dienenden Zeichen bis zur phantasievoll ausgearbeiteten Zeichnung war gleichermassen naturbedingt und erfolgte bereits in der mythenumwobenen Vorzeit chinesischer Geschichte. Viele Zierschriften sind daher mit dem Leben sagenhafter Gestalten oder mit wunderbaren Ereignissen verknüpft worden und es ist heute unmöglich, die Entstehungsgeschichte der einzelnen Schriftarten auf historisch exakter Grundlage zu rekonstruiren.

Bereits zur Zeit der Chou-Dynastie (1122-256 v. Chr.) und besonders unter der Ch'in-Dynastie (221-207 v. Chr.) wurden Zierschriften regelmässig auf kaiserlichen Siegeln verwendet:

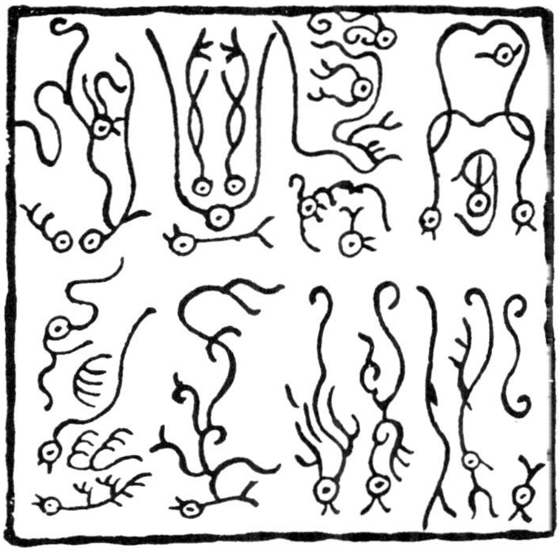

Zierschrift der Drachen

auf einem Siegel des Ch'in-Kaisers 始皇帝 Shih-huang-ti (221-210 v. Chr.) (Aus: C.A.S. WILLIAMS, Encyclopedia of Chinese Symbolism and Art Motives, New York 1960, S. 343). Vgl. dazu Abb. 10 a-b.

Eine wahre Blüte jedoch erfuhren die Zierschriften unter den Han (206 v. - 220 n.Chr.), als sich der Gebrauch von sogenannten Zauberschriften(1) - zum Abwehren von Krankheiten und sonstigen bösen Einflüssen - sehr schnell verbreitete:

Das Zeichen 火 huo (Feuer) in Zauberschrift.
(Aus: H. DORE', Researches into Chinese Superstitions, Shanghai 1914[1], Taipei 1966[2], vol. III, S. 284).

Liebe zur Kunst und Ehrfurcht vor der Macht des geschriebenen Wortes und der davon ausgehenden Magie haben bewirkt, das der Pinselführung bald keine Grenzen mehr gesetzt waren. Am besten wird dies an den hundert verschiedenen Schreibweisen der Zeichen fu (Glück) und shou (langes Leben)deutlich, durch deren magische Kraft man beides zu erhalten hoffte:

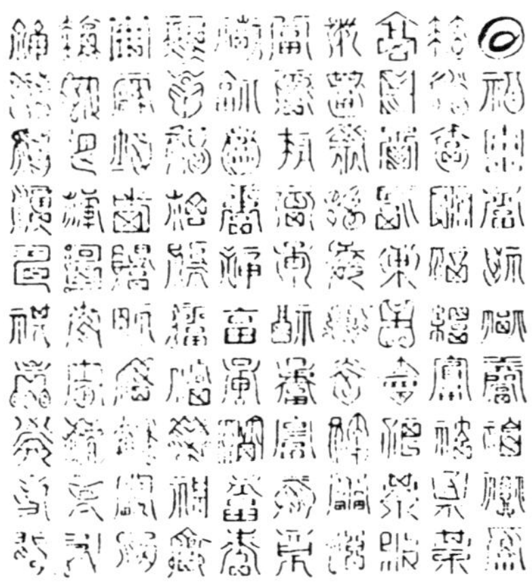

fu 福

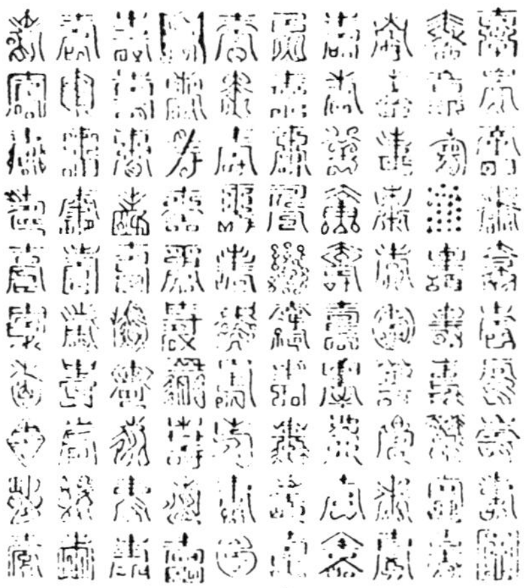

shou 壽

(Aus: J.J.M. DE GROOT, The Religious System of China, Leiden 1907[1], Taipei 1976[2], vol. VI, S. 1032/1033).

(1) Vgl. B. SCHINDLER, Die äussere Gestaltung der chinesischen Schrift, in Ostasiatische Zeitschrift, VI (1918), S. 261 ff.

Die fast grenzenlose Phantasie chinesischer Kalligraphen hat im Laufe der Zeit etwa 150 verschiedene Zierschriften(2) geschaffen, von denen der Grossteil jedoch wieder in Vergessenheit geraten ist.

(2) A. PFIZMAIER hat in seinem Aufsatz Zur Geschichte der Erfindung und des Gebrauches der chinesischen Schriftgattungen (Sitzungsbericht der Akademie der Wissenschaften, Bd. 70, Wien 1872), S. 32-33, eine Liste von 100 verschiedenen Schriftarten, von den Chinesen 100 Körper genannt, gegeben. Leider sind weder ihre Zeichen noch Muster angeführt, trotzdem zeugen ihre blossen Namen von der reichen Phantasie ihrer Schöpfer. Diese 100 Körper haben folgende Namen (nach PFIZMAIER) :
Die Schrift der hängenden Nadeln. Die Schrift des herabgelassenen Thaues. Die Schrift des auf die Wellen ausblickenden Hauses von Thsin. Die Schrift der goldenen Aelstern. Die Schrift der Edelsteinstreifen. Die Schrift des Schwanenhauptes. Die Schrift der Tigerklauen. Die Schrift des fallenden Lauches. Die Schrift der liegenden Wellen. Die Schrift der Beglaubigung der Flagge. Die angeordnete Schrift. Die in Reihen stehende Schrift. Die Sonnenschrift. Die Mondschrift. Die Windschrift. Die Wolkenschrift. Die Schrift der Froschwürmer. Die Schrift der geschlossenen Abtheilungen. Die Schrift von Hu. Die Stabwurzschrift. Die Schrift der Reichsgehilfen. Die Schrift von Thien-tscho. Die Schrift des umgewendeten Nachtlagers. Das Tschuen (Siegelschrift) des ganzen Pinsels. Das Li (die Schrift der Zugesellten [= die Kanzleischrift] des ganzen Pinsels. Das fliegende Weiss. Die bunte Pflanzenschrift. Die alte Schrift. Die Schrift der Zugesellten. Die schräge Schrift. Die Musterschrift. Das Li der kleinen Abzweigung. Das Li der Blüthen der Unsterblichkeitspflanze. Das Li der Blumen und Pflanzen. Das Li der Beglaubigung der Flagge. Das Li der Glocken und Trommeln. Das Tschuen der Drachen und Tiger. Das Tschuen des Paradiesvogels und der Fische. Das Tschuen des Einhorns. Das Tschuen der unsterblichen Menschen. Das Tschuen der Frosch-würmer. Das Wolken-Tschuen. Das Tschuen der Insecten und Fische. Das Vogel-Tschuen. Das Drachen-Tschuen. Das Schildkröten-Tschuen. Das Tiger-Tschuen. Das Tschuen des Göttervogels. Das Li der Drachen und Tiger. Das Li des Paradiesvogels und der Fische. Das Li des Einhorns. Das Li der unsterblichen Menschen. Das Li der Froschwürmer. Das Wolken-Li. Das Insecten-Li. Das Li der Fische. Das Vogel-Li. Das Drachen-Li. Das Schildkröten-Li. Das Tiger-Li. Das Li des Göttervogels. Die Schrift der Drachenstreifen und Schildkrötenstreifen. Die Rattenschrift. Die Rinderschrift. Die Drachenschrift. Die Tigerschrift. Die Pflanzenschrift. Die Hasenschrift. Die Pflanzenschrift der Drachen. Die Pflanzenschrift der Schlangen. Die Pferdeschrift. Die Schafschrift. Die Affenschrift. Die Hühnerschrift. Die Schweineschrift.

1. Die Entstehung der mandschurischen Zierschriften.

Als die Mandschu 1644 ihre Herrschaft über China antraten, waren sie sich ihrer Unterlegenheit gegenüber der tausendjährigen Kultur des Reiches der Mitte wohl bewusst. Nur allzu verständlich ist daher ihr ständiges Bemühen, sich ihrer Macht würdig zu zeigen und als eifrige Verfechter und Behüter chinesischen Kulturgutes aufzutreten. Die grossen Mandschukaiser K'ang-hsi (1662-1722) und Ch'ien-lung (1736-1796), unter deren Regierung das kaiserliche China zum letzten Mal eine Blütezeit erlebte, stellen in dieser Hinsicht ein ausgezeichnetes Beispiel dar. Sie waren nicht nur geschickte Eroberer, die ihre Macht zu festigen und ihr Reich zu ordnen verstanden, sondern sie sind auch als Kunstförderer und Literaten in die Geschichte Chinas eingegangen.

Kaiser Ch'ien-lung war es, der von den vielen verschiedenen Zierschriften auf alten Siegeln, in ehrwürdigen Schriften und auf antiken Gegenständen besonders beeindruckt war und sich ihrer Faszination nicht entziehen konnte.

Als der Kaiser 1743 von seiner ersten Reise zu den 永陵 Yung-ling-Gräbern seiner Ahnen bei 興京 Hsin-ching, dem mandschurischen Hetu ala, zurückgekehrt war und daraufhin sein Lobgedicht auf Mukden(3) komponiert hatte, bat der Grosswürdenträger 傅恒 Fu Heng(4), dieses Gedicht(5) in antiken Zierschriften abschreiben und herausgeben zu dürfen. Nachdem Ch'ien-

(3) Originaltext 盛京賦 Sheng-ching-fu, mandschurische Übersetzung Mukden-i fujurun, beide gedruckt 1743. (Vgl. dazu Ch'ien-lungs Biographie in W. HUMMEL, Eminent Chinese of the Ch'ing-Period, Washington 1943-44[1], Taipei 1964[2], S. 369-373).

(4) Biographie in HUMMEL, zit., S. 252-253.

(5) P. AMIOT übersetzte es ins Französische unter dem Titel Éloge de la ville de Moukden et de ses environs (Paris 1770) und erregte damit die Aufmerksamkeit Voltaires, der sich darauf mit folgenden berühmt gewordenen Worten an den chinesischen Kaiser wandte:

Reçois mes complimens, charmant roi de la Chine,
Ton trône est donc assis sur la double colline !

Eine zweite Übersetzung erfolgte durch J. KLAPROTH in seiner Chrestomathie mandchou, ou recueil de textes mandchou (Paris 1828): mandschurischer Text S. 64-99, Übersetzung und Kommentar S. 235-273.
Das Gedicht selbst ist mehr eine geographische Beschreibung von Mukden mit vielen Anspielungen auf Episoden aus der chinesischen Geschichte und ist in dem überladenen, barockartigen Stil der Zeit geschrieben.
P. Amiot muss das Verdienst zugesprochen werden, als erster die 32 Siegelschriften analysiert zu haben (zit., S. 127-197).

lung sein Einverständniss gegeben hatte und zu diesem Zweck das Amt für antike Schriftzeichen(6) gegründet wurde, konnte die dazu einberufene Gelehrtenkommission ihre Arbeit - an der zeitweilig der Kaiser selbst teilnahm - aufnehmen. Ihre Aufgabe bestand darin, in alten Quellen Einzelheiten über die Entstehungsgeschichte der verschiedenen chinesischen Zierschriften zu suchen, und auf Grund dessen parallele, pseudo-antike mandschurische Schriftarten zu erfinden.

Nachdem man insgesamt 32 Zierschriften analysiert und die entsprechenden mandschurischen Äquivalente geschaffen hatte, konnte Kaiser Ch'ien-lung im Jahre 1748 den Befehl erteilen, sein Gedicht in diesen Schriftarten abzuschreiben und zu veröffentlichen:

> "Die Aussprache der Reichsschrift unserer Dynastie entspricht den ursprünglichen Lauten(7). Die Formgestaltung beruht auf kaiserlicher Initiative(8). Einzelne ordnungsgemäss aneinandergereihte [Buchstaben] ergeben [ein schriftliches Wort, das] in natürlicher Weise genauestens [mit dem gesprochenen Wort] übereinstimmt.
> Allein die Formen der [chinesischen] Zierschriften sind, ungeachtet ihres Alters, noch nicht genau festgelegt und unvollkommen.
> [Was die mandschurische Schrift anbelangt,] gebraucht man auf Siegeln und Stempeln noch die ursprüngliche [gewöhnliche] Schriftform. Als wir selbst in den Mussestunden über das Altertum nachforschten, wiesen wir die Beamtenschaft darauf hin und beauftragten sie, erstmals die verschiedensten Arten von Zierschriften [genauer] auszuarbeiten. Die gelehrten Beamten haben weithin die Schriften untersucht und aufgezeichnet, und auf Grund alter Vorlagen 32 Arten geschaffen.

(6) 篆字館 Chuan-tzu-kuan, mandschurisch fukjingga hergen-i kuren.
(7) D.h. sie ist im Gegensatz zum Chinesischen eine Buchstabenschrift.
(8) Die offizielle Geschichtsschreibung schreibt die Schaffung der mandschurischen, von den Mongolen übernommenen Schrift Kaiser T'ai-tsu (1583 - 1626) zu. Vgl. E. HAUER, Huang-Ts'ing k'ai-kuo fang-lüeh, Die Gründung des mandschurischen Kaiserreiches, Berlin - Leipzig 1926, S.31-32.

Daher haben sie gebeten, das von uns verfasste "Lobgedicht auf Mukden" in mandschurischen und chinesischen Zierschriften abschreiben zu dürfen .

Nachdem unsere Reichsschrift im ganzen Land verbreitet ist und nun auch die Zierschriften bekannt sind, kann man diese Fortschritte kund tun, und ihre Bitte sei daher gewährt.

傅恒 Fu Heng und 汪由敦 Wang Yu-tun(9) sollen als Hauptkompilatoren, 阿克敦 A-k'o-tun(10) und 蔣溥 Chiang P'u(11) als stellvertretende Hauptkompilatoren wirken.

Die Korrekturen seien sorgfältig geprüft und diese Aufgabe schnell been-det."(12)

Dieses in sehr begrenzter Auflage angefertigte Werk, das wohl von Anfang an nur für die Hofkreise bestimmt war, gehört heute zu den grössten biblio - graphischen Seltenheiten.(13)

(9) Vgl. HUMMEL, zit., S. 943.

(10) Mandschurisch Akdun: vgl. HUMMEL, zit., S.5-6.

(11) Vgl. HUMMEL, zit., S. 143.

(12) 李德啓 LI TE-CH'I, 滿洲文字之來源及其演變 Man-chou wen-tzu chih lai-yüan chi-ch'i yen-pien, in Bulletin of the National Library of Peiping, vol.5 Nr. 6 (1932), S. 12.

(13) Vollständige Exemplare dieser Ausgabe in 32 Bänden besitzen die Bri - tish Library (Sig. 19957.c.7) sowie die Library of Congress, Washington D.C.
Probeseiten bei LI TE-CH'I, zit., Tafel 9-10, Erklärungen dazu S. 15-17; bei W. FUCHS, La letteratura della Manciuria, in Le civiltà dell'O - riente, vol. II (letteratura), Firenze-Roma 1957, S. 1021.
Als 1932 die Lytton-Kommission nach der Mandschurei kam, liess die South Manchuria Railway Co. ihr ein Buch mit dem jeweils ersten Blatt der 64 Schriftformen des Sheng-ching-fu in photographischer Wiedergabe überreichen; es ist ein Band mit 15 Seiten Einleitung von T.Etô und 64 Tafeln, erschienen in Dairen bei der Yûbunkaku 右文閣 . Die Auflage erschien nur in 80 numerierten Exemplaren. Der englische Titel lautet : The photographic Album of Various Editions of Emperor Kien-long's Great Poem of Mukden; der chinesische lautet: 滿漢篆字各體圖版乾隆御製盛京賦 Man-han chuang-tzu ko-t'i t'u-pan Ch'ien-lung yü-chih Sheng-ching-fu. (Zit. nach W.FUCHS, Beiträge zur mandjurischen Bibliogra - phie und Literatur, Tokyo 1936, S. 110.)

Die meisten dieser Schriftarten fanden jedoch keinerlei praktische Anwendung und können heute nur als Curiosa in der Geschichte der chinesischen und mandschurischen Schrift bezeichnet werden :

> "Nur zukünftige Archeologen werden, wenn ihnen ein Siegel mit dieser Quadratschrift in die Hände fällt, vor die schwierige Aufgabe gestellt sein, die Frage zu beantworten, wann diese Schrift existierte und welches Volk sie gebrauchte."(14)

(14) I. ZACHAROV, Polnyj man'čžursko-russkij slovar', St. Peterburg 1875, S. 64.

2. Verwendung der chinesischen und mandschurischen Zierschriften

Nur zehn der insgesamt 32 Zierschriften wurden auserkoren, im Laufe der Mandschuherrschaft auf folgenden offiziellen Siegeln Verwendung zu finden:(15)

1) Zierschrift der Eßstäbchen aus Jade (Abb. 1 a-b):
   Auf allen 21 Staatssiegeln des Kaisers(16);
   Auf den Siegeln der Kaiserin-Grossmutter, der Kaiserin-Mutter, der Kaiserin, des Kronprinzen, der kaiserlichen Konkubinen ersten, zweiten und dritten Ranges.
2) Zierschrift der Glückspilze (Abb. 2 a-b):
   Auf dem Siegel kaiserlicher Prinzen erster und zweiter Klasse 和碩親王 ho-shuo hsin-wang (hošoi cin wang) bzw. 多羅郡王 to-lo chün-wang (doroi giyûn wang).
3) Hohe grosse Zierschrift (Abb. 3 a-b):
   Kaiserliches Klan-Amt: Tsung-jen-fu 宗人府
   Amtsstelle des Staatsrates: Chün-chi shih-wu-ch'u 軍機事務處
   Personalministerium: Li-pu 吏部
   Finanzministerium: Hu-pu 户部
   Kultusministerium: Li-pu 禮部
   Kriegsministerium: Ping-pu 兵部
   Justizministerium: Hsing-pu 刑部
   Arbeitsministerium: Kung-pu 工部
   Kaiserliches Haushaltsamt: Nei-wu-fu 内務府
   Zensorat: Tu-ch'a-yüan 都察院
   Amt für Aussenländer: Li-fan-yüan 理藩院
   Amt der kaiserlichen Eskorte: Luan-i-wei 鑾儀衛
   Han-lin-Akademie: Han-lin-yüan 翰林院

(15) Angaben nach dem 清史 Ch'ing-shih, II, chüan 105, S. 1274-1279. Eine ähnliche, kürzere und teilweise abweichende Aufstellung findet sich in P. HOANG, Mélanges sur l'administration (Variétés sinologiques N. 21), Shanghai 1902, S. 60-69.

(16) Eine genaue Beschreibung dieser Staatssiegel bei HOANG, zit., S. 62 - 63, sowie bei LI TE-CH'I, zit., S. 17-18.

Generalverwaltung der drei Schatzämter(17) des Finanzministeriums: Hu-pu tsung-li san-k'u shih-wu 户部總理三庫事務

Verwaltung der kaiserlichen Mausoleen: Ch'eng-pan shih-wu 承辦事務

Generalgouverneur einer Provinz: Tsung-tu 總督

Gouverneur einer Provinz: Hsün-fu 巡撫

Auf dem Siegel des ältesten lebenden Nachkommen des Konfuzius in direkter Linie, des "Heiligen Herzogs Yen": Yen-sheng-kung 衍聖公

Auf dem Siegel ausländischer, im Vasallenverhältnis zu China stehender Könige (z.B. der König von Korea).

4) Kleine Siegelschrift (Abb. 4 a-b):

Übermittlungshof der Provinzberichte: T'ung-cheng-ssu 通政司

Gerichts - und Revisionshof: Ta-li-ssu 大理寺

Kaiserliches Opferamt: T'ai-chang-ssu 太常寺

Aufsichtsamt für kaiserliche Tutoren: Chan-shih-fu 詹事府

Kaiserliches Mundschenkamt: Kuang-lu-ssu 光祿寺

Kaiserlicher Gestüthof: T'ai-p'u-ssu 太僕寺

Kaiserlicher Waffenhof: Wu-pei-yüan 武備院

Hof der kaiserlichen Pferde: Shang-ssu-yüan 上駟院

Hof der kaiserlichen Gärten: Feng-chen-yüan 奉宸院

Mandschu-chinesisches Übersetzungsbüro: Nei-fan shu-fang 内繙書房

Gouverneur von Shun-t'ien-fu (Bezirk Peking): Shun-t'ien-fu fu-yin 順天府府尹

Gouverneur von Feng-t'ien-fu (Bezirk Mukden): Feng-t'ien-fu fu-yin 奉天府府尹

Gouverneur einer Provinz(18): Ch'eng-hsüan pu-cheng-shih: 承宣布政使

Studiendirektor einer Provinz: T'i-tu hsüeh-cheng 提督學政

Salzinspektor einer Provinz: Yen-yün shih-ssu 鹽運使司

(17) Schatzamt für Gold, für Seide und für Stoffe; für die Siegel dieser Ämter s. unter Zierschrift der Glocken und Dreifüsse.

(18) Vor Einführung des Hsün-fu: s. Hohe Grosse Zierschrift.

Kaiserlicher Gesandter der 3. Rangstufe: Ch'in-ch'ai ta-ch'en 欽差大臣

Sowie auf allen Siegeln leitender Beamter der ersten bis zur dritten Rangstufe in den Provinzämtern.

5) Zierschrift der Glocken und Dreifüsse (Abb. 5 a-b):

Kaiserliche Akademie: Kuo-tzu-chien 國子監

Kaiserlicher Medizinalhof: T'ai-i-yüan 太醫院

Provinzzensor: Chien-ch'a yü-shih 監察御史

Inspektor des kaiserlichen Haushaltsamtes: Chi-ch'a nei-wu-fu yü-shih 稽察内務府御史

Inspektor des kaiserlichen Klan-Amtes: Chi-ch'a tsung-jen-fu yü-shih 稽察宗人府御史

Provinzial-Salz-Zensor: Hsün-yen yü-shih 巡鹽御史

Erste und zweite Abteilung des kaiserlichen Klan-Amtes: Tsung-jen-fu tso-yu ssu 宗人府左右司

Erste und zweite Abteilung des kaiserlichen Gestüthofes: T'ai-p'u-ssu tso-yu ssu 太僕寺左右司

Zollverwaltung am Ch'ung-wen-Tor von Peking: Ch'ung-wen-men shui-wu kuan-li 崇文門稅務管理

Korn-Inspektor: Tso-liang-t'ing 坐糧廳

Superintendant für Holz des Arbeitsministeriums: Kung-pu mu-ch'ai chien-tu 工部木柴監督

Superintendant der Holzfabriken des Arbeitsministeriums: Kung-pu mu-ch'ang chien-tu 工部木廠監督

Superintendant des Strassenbauamtes des Arbeitsministeriums: Kung-pu kuan-li chien-tao chien-tu 工部管理街道監督

Steuer-Superintendant des westlichen und östlichen Teils von Peking: Tso-yu i chien-tu 左右翼監督

Silbermagazin des Finanzministeriums: Hu-pu yin-k'u 户部銀庫

Seidenmagazin des Finanzministeriums: Hu-pu tuan-k'u 户部緞庫

Stoffmagazin des Finanzministeriums: Hu-pu p'i-k'u 户部匹庫

Gehaltsabteilung des Finanzministeriums für die acht Banner: Hu-pu pan-li pa-ch'i feng-hsiang-ku 户部辦理八旗俸餉股

Amt für Geldangelegenheiten der acht Banner im Finanzministerium: Hu-pu pan-li pa-ch'i hsien-shen-ch'u 户部辦理八旗現審處

Zensoren der fünf Stadtteile von Peking: Wu-ch'eng yü-shih 五城御史

Generalverwaltung der Postangelegenheiten von Ku-pei-k'ou: Kuan-li Ku-pei-k'ou i-wu 管理古北口驛務

Generalverwaltung der Postangelegenheiten von Tu-shih-k'ou: Kuan-li Tu-shih-k'ou i-wu 管理獨石口驛務

Kaiserliches Kalenderamt: Ch'in-t'ien-chien shih-hsien-shu 欽天監時憲書

Amtskasse für die kaiserlichen Gärten Ch'ang-ch'un-yüan, Yüan-ming-yüan und Ch'ing-i-yüan: Ch'ang-ch'un-yüan yüan-ming-yüan ch'ing-i-yüan kuan-fang shui-k'u 暢春園圓明園清漪園官房税庫

Alle Kreisaufsichtsbeamte: Shou hsün-tao 守巡道

Alle General-Superintendanten von Amtsstellen: Ch'u kuan-li chih-tsao 處管理織造

Alle Vorsteher (tao-t'ai 道台) eines Bezirks (tao 道).

Alle Abteilungen (ssu 司) der sechs Ministerien und des kaiserlichen Haushaltsamtes.

Alle detachierten Abteilungen (fen-ssu 分司) des Finanzministeriums.

6) <u>Zierschrift des herabtropfenden Tau (Abb. 6 a-b):</u>

Büro der kaiserlichen Patente: Chung-shu-k'o 中書科

Rechte und linke Abteilung des Gerichts - und Revisionshofes: Ta-li-ssu tso-yu ssu 大理寺左右司

Die vier Sektionen des kaiserlichen Mundschenkamtes: Kuang-lu-ssu ssu-shu 光祿寺四署

Die Abteilungen der Polizeitruppen der fünf Tore von Peking: Wu-ch'eng ping-ma-ssu 五城兵馬司

Archiv des kaiserlichen Gross-Sekretäriats: Nei-ko tien-chi-t'ing 內閣典籍廳

Archiv der Han-lin-Akademie: Han-lin-yüan tien-pu-t'ing 翰林院典簿廳

Siegelgiesserei des Kultusministeriums: Li-pu chu-yin-chü 禮部鑄印局

Kasse des Amtes für Aussenländer: Li-fan-yüan yin-k'u 理藩院銀庫

Magazine der vom Arbeitsministerium abhängigen Manufakturen: Kung-pu chih-tsao-k'u 工部製造庫

Kontrollämter in allen Ministerien und Höfen: Tu-tsui-so 督催所

Vermessungsamt des Arbeitsministeriums: Kung-pu liao-ku-so 工部料估所

Sub-Präfekt des Pekinger Bezirks: Chih-chung 治中

Bezirks-Inspektor: Chi-ch'a 稽察

Vize-Kommandant der Polizeitruppen von Peking: Ping-ma-ssu fu-chih-hui 兵馬司副指揮

Sekretäriat des kaiserlichen Klan-Amtes: Tsung-jen-fu ching-li-ssu 宗人府經歷司

Sekretäriat des Zensoriats: Tu-ch'a-yüan ching-li-ssu 都察院經歷司

Sekretäriat des Amtes der kaiserlichen Eskorte: Luan-i-wei ching-li-ssu 鑾儀衛經歷司

Arzneimagazin des kaiserlichen Medizinalhofes: T'ai-i-yüan yao-k'u 太醫院藥庫

Archiv der kaiserlichen Akademie: Kuo-tzu-chien tien-chi-t'ing 國子監典籍廳

Hauptmann der Polizeitruppen von Peking: Ping-ma-ssu shih-mu 兵馬司吏目

Kaiserlicher Gesandter der vierten Rangstufe: Ch'in-ch'ai kuan-yüan 欽差官員

Sub-Präfekt erster Klasse: T'ung-chih 同知

Sub-Präfekt zweiter Klasse: T'ung-p'an 通判

Amt des Salzinspektors: Yen-k'o t'i-chü-ssu 鹽課提舉司

Kanzlei des Provinz-Schatzamtes: Pu-cheng shih-ssu ching-li-ssu 布政使司經歷司

Rechtsabteilung des Provinz-Schatzamtes: Pu-cheng shih-ssu li-wen-so 布政使司理問所

Kanzlei des Provinz-Salzinspektors: Yen-yün shih-ssu ching-li-ssu 鹽運使司經歷司

Korrespondenzamt des Provinz-Schatzamtes: Pu-cheng shih-ssu chao-mo-so 布政使司照磨所

Kanzlei der Bezirks-Verwaltungen: Fu ching-li-ssu 府經歷司

Korrespondenzamt der Bezirks-Verwaltungen: Fu chao-mo so-ssu 府照磨所司

Bezirksgefängnisse: Fu yü-ssu 府獄司

Kasse des Provinz-Schatzamtes: Pu-cheng ssu-k'u 布政司庫

Steuerabteilung des Finanzministeriums: Shui-k'o-ssu 稅課司

Amt für Tee und Pferde: Ch'a-ma-ssu 茶馬司

Salzamt: Yen-k'o-so 鹽課所

Amt des Salzinspektors: P'i-yen-so 批驗所

Beigeordneter Distrikt-Richter: Hsien-ch'eng 縣丞

Beigeordneter zweiter Distrikt-Richter: Chu-pu 主簿

Beigeordneter Richter eines Sub-Distrikts: Hsün-chien 巡檢

Bezirks - oder Kreis-Studiendirektor: Ju-hsüeh 儒學

Alle Kanzleien (ssu-wu-t'ing 司務廳) in den Ministerien und Höfen.

Alle Opferabteilungen (chi-shu 祭署) von Kultusämtern.

Auf allen Siegeln leitender Beamter vom vierten Rang abwärts in den Provinzämtern.

7) Zierschrift der Weidenblätter (Abb. 7 a-b):

Banner-Marschall: Ta-chiang-chün 大將軍

Banner-General: Chiang-chün 將軍

Kommandant der kaiserlichen Leibgarde: Ling-shih-wei nei-ta-ch'en 領侍衛內大臣

Kommandant der Banner-Garde: Hu-chün t'ung-ling 護軍統領

Kommandant der Banner-Vorhut: Ch'ien-feng t'ung-ling 前鋒統領

Kommandierender General der Artillerie-Division: Huo-ch'i-ying t'ung-ling 火器營統領

Kommandierender General der Polizeitruppen der neun Tore von Peking: T'i-tu chiu-men pu-chün-ying t'ung-ling 提督九門步軍營統領

Kommandant der in der Nähe des Sommerpalastes stationierten Truppen der acht Banner: Yüan-ming-yüan pa-ch'i tsung-t'ung 圓明園八旗總統

Kommandant der drei oberen Banner des kaiserlichen Haushaltsamtes: Nei-wu-fu san-ch'i t'ung-ling 內務府三旗統領

Kommandant der leichten Division der Bannertruppen: Chien-jui-ying tsung-t'ung 健銳營總統

Banner-Generalleutnant: Fu-tu-t'ung 副都統

Kommandierender General einer Provinz: T'i-tu 提督

Brigade-General: Tsung-ping 總兵

Militär-Gouverneur des Chahar-Gebietes: Ch'a-ha-erh tu-t'ung 察哈爾都統

Militär-Gouverneur des Ili-Gebietes: I-li chiang-chün 伊犁將軍

Kaiserlicher Regent in Ili, Urumtschi, Yarkand, Hami, Kaschgar und Aksu (Turkestan): Pan-li ta-ch'en 辦理大臣

Generalinspektor von Pa-li-k'un (Hui-ning in Turfan): Kuan-li ta-ch'en 管理大臣

Auf allen Siegeln der Herzöge (kung 公), Fürsten (hou 侯) und Grafen (po 伯).

8) Zierschrift der Lanzen (Abb. 8 a-b):

Oberst der Banner-Garde: Ts'an-ling 參領

Banner-Oberst: Hsieh-ling 協領

Oberst der leichten Division: Chien-jui-ying i-chang 健銳營翼長

Generalinspektor: Tsung-kuan 總管

Kommandant einer Banner-Garnison in der Provinz: Ch'eng-shou-yü 城守尉

Oberst des Chinesenheeres: Fu-chiang 副將

Oberstleutnant des Chinesenheeres: Ts'an-chiang 參將

Major des Chinesenheeres: Yu-chi 遊擊

9) Zierschrift der hängenden Nadeln (Abb. 9 a-b):

Schule im Hsien-an-Palast für Söhne von Banneroffizieren: Hsien-an-kung kuan-hsüeh 咸安宮官學

Schule am Ching-shan-Berg für Söhne aus den drei oberen Bannern: Ching-shan kuan-hsüeh 景山官學

Werkstatt des kaiserlichen Haushaltsamtes in der Yang-hsin-tien-Halle: Yang-hsin-tien tsao-pan-ch'u 養心殿造辦處

Kommandant zweiter Klasse einer Banner-Garnison: Fang-shou-yü 防守尉

Hauptmann einer Banner-Garnison: Chu-fang tso-ling 駐防佐領

Hauptmann erster Klasse: Tu-ssu 都司

Hauptmann zweiter Klasse: Shou-pei 守備

Eingeborenenführer einer Tausendschaft: T'u-chien-hu 土千户

Eingeborenenführer einer Hundertschaft: T'u-po-hu 土百户

Banner-Hauptmann: Pa-ch'i tso-ling 八旗佐領

Auf Siegeln von Angehörigen des kaiserlichen Klans, d.h. von direkten

Nachkommen T'ai-tsu's.

Auf Siegeln von Angehörigen der kaiserlichen Familie Aisin Gioro.

Auf Siegeln von Eingeborenenführern der vierten Rangstufe abwärts.

10) Zierschrift der kreisenden Sterne (Abb. 22 a-b)

Auf Siegeln der lamaistischen Hierarchen von Peking und Mukden.

Ausser diesen seit 1748 auf Siegeln verwendeten chinesischen und mandschurischen Zierschriften[19] besassen die Mandschu bereits vor der Eroberung Chinas eine eigene Siegelschrift, die wohl auf den Einfluss der traditionellen chinesischen Siegelschrift[20], 小篆 hsiao-chuan, zurückzuführen ist. Allerdings liegt dabei die Vermutung nahe, dass bei der Ausarbeitung dieser "alten" mandschurischen Siegelschrift mongolische Vorlagen eine gewisse Rolle gespielt haben .

Ein Vergleich jener Schrift auf einem Siegel der T'ai-tsung-Zeit (1626-1643)[21] und gewissen mongolischen Zierschriften würden diese Vermutung sogar bekräftigen, zumal die Mandschu ihre Schrift von den Mongolen übernommen und später vervollkommnet haben. Leider jedoch schweigen sich die Quellen über die Entstehung jener "alten" mandschurischen Siegelschrift aus, sodass diese Hypothese in keiner Weise bewiesen werden kann.

Beispiele mongolischer Zierschriften:

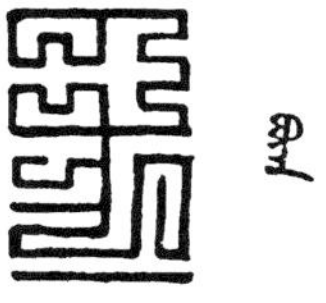

buyan
(Glück)

öljei
(langes Leben)

(Aus: D. KARA, Knigi mongol'skich kočevnikov, Moskva 1972, S.89)

(19) Das Ch'ing-shih, zit., erwähnt einige weitere Siegel mit mandschurischen Zierschriften, ohne sie jedoch näher zu bestimmen.
Die Vermutung liegt nahe, dass diese und andere Zierschriften auch auf privaten Siegeln und Stempeln verwendet wurden: vgl. darüber A. BERNHARDI, Chinesische Stempel, Baessler-Archiv 6, Heft 3 (Berlin 1917) , S. 87-113.

(20) Vgl. L. LEDDERHOSE, Die Siegelschrift (Chuan-shu) in der Ch'ing-Zeit (Studien zur ostasiatischen Schriftkunst, Bd. 1) , Wiesbaden 1970.

(21) Der Umstand, dass diese Siegelschrift bereits mit dem diakritischen Zeichen fuka (Kreis) geschrieben wurde, beweist, dass das Siegel nicht vor 1632 geschaffen worden sein kann.

Zum Vergleich:

Mandschurisches Siegel aus der T'ai-tsung-Zeit

Inschrift: Han-i boobai - Siegel des Khans.

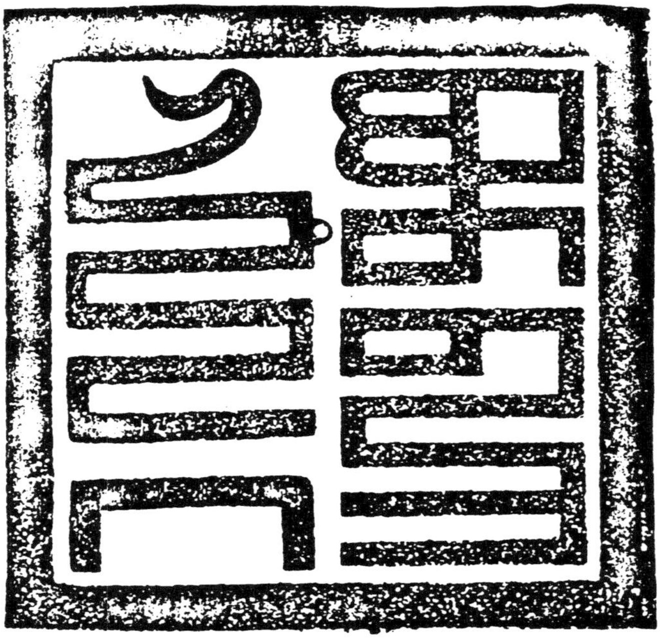

(Aus: LI TE-CH'I, zit., Abb.11)

Es ist nicht bekannt, nach welchen Kriterien die Gelehrtenkommission im Amt für antike Schriftzeichen die 32 chinesischen Schriftarten auswählte, die als Vorlagen für die pseudo-antiken mandschurischen Zierschriften dienten[22]. Nach den Angaben[23] der Kommission zu schliessen, wurden die in Frage kommen-

(22) So wurde - um nur ein Beispiel zu nennen - die bekannte Zierschrift der Fische nicht berücksichtigt:

(Aus: E.ERKES, Chinesische Literatur, Breslau 1922, S.96)

(23) Im 清朝通志 Ch'ing-ch'ao t'ung-chih, (moderner Nachdruck in Hsin-ching, ohne Datum), chüan 12, S. 6811-6814.

den Werke bis zurück zur T'ang-Zeit (618-907) untersucht, wobei über einige Zierschriften trotz aller Nachforschungen nur äusserst spärliche Nachrichten ermittelt werden konnten.

Es ist noch zu bemerken, dass die mandschurische Bezeichnung für diese Schriftarten stets fukjingga hergen, d.h. "antike Zeichen", lautet, während das chinesische Äquivalent 篆 chuan wohl mit "Zierschrift", meistens jedoch mit "Siegelschrift" übersetzt wird. Die Bezeichnung "Zierschrift" dürfte hier zutreffender sein, da etliche dieser Schriften nie auf Siegeln verwendet wurden. Dies mag auch der Grund sein, warum manche Zierschriften in einigen chinesischen Werken nicht als chuan, sondern einfach als 書 shu (Schrift, Schreib -, Schriftart), oder als shu-chuan bezeichnet werden.

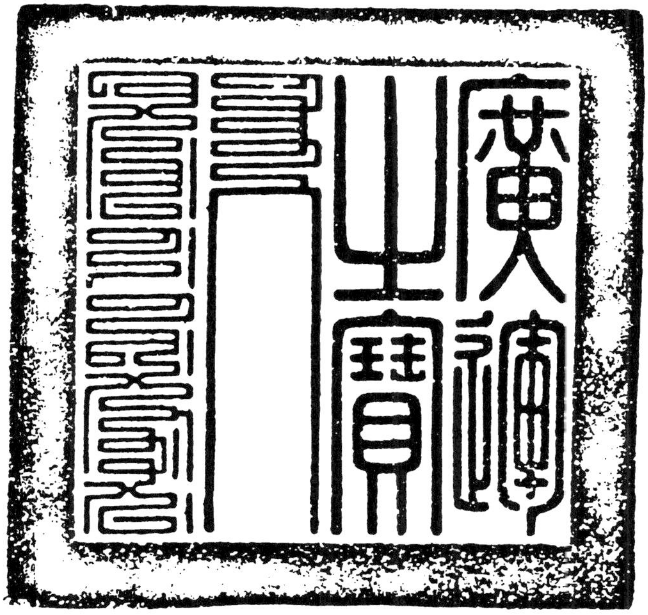

Mandschurisch - chinesisches Siegel Kaiser Ch'ien-lungs mit Zierschrift der Eßstäbchen aus Jade (vgl. Abb. 1 a-b).
Inschrift: 廣運之寶 kuang-yün-chih-pao, forgon be badarambure boobai
"Den Zeitlauf verbreitendes Siegel".
(Aus: LI TE-CH'I, zit., Abb. 12)

II Geschichte und Abbildung der einzelnen Zierschriften

Abbildung 1 a-b

ZIERSCHRIFT DER ESS-STÄBCHEN AUS JADE
玉筯篆 yü-chu-chuan
gu-i ciktengge fukjingga hergen

(Quelle: Ch'ing-ch'ao t'ung-chih (CCTC), zit., chüan 12, S. 6811)

舒元輿 Shu Yüan-yü aus der T'ang-Zeit (618-907) weiss zu berichten, dass diese Schrift von 李斯 Li Ssu[1], dem Reichskanzler der Ch'in-Dynastie (221-207 v. Chr.) geschaffen wurde. Als Vorlage sollen ihm von 史籀 Shih Chou aus der Chou-Zeit (1122-256 v. Chr.) bearbeitete Zeichen gedient haben, die wiederum auf 倉頡 Ts'ang Chieh[2] - dem angeblichen Erfinder der chinesischen Schrift - zurückgehen sollen.
元度 Yüan Tu, ebenfalls aus der T'ang-Zeit, schreibt in seinem Werk 論書十體 Lun-shu shih-t'i ("Abhandlungen über die zehn Schriftarten"), dass diese Schrift vermutlich aus der Kleinen Siegelschrift entwickelt worden ist. Wahrscheinlich jedoch gehen beide Schriftarten auf eine gemeinsame Vorlage zurück und haben sich unabhängig voneinander entwickelt.
Der berühmteste Maler dieser Schrift, dessen Name von den Eßstäbchen-artigen Verlängerungen der Zeichen herrührt, war 李陽冰 Li Yang-ping aus der T'ang-Zeit.

(1) Über diese bedeutende Figur der chinesischen Geschichte vgl. D. BODDE, China's First Unifier. A Study of the Ch'in Dynasty as seen in the Life of Li Ssu 280 (?) - 208 B.C., Hongkong 1967.
(2) Lebte angeblich z.Zt. des mythischen Gelben Kaisers 黃帝 Huang Ti (2697-2597 v. Chr.).

乾隆十三年
九月十二日
內閣奉
上諭我朝國書音
韻合乎元聲體

Abbildung 2 a-b

ZIERSCHRIFT DER GLÜCKSPILZE

芝英篆 chih-ying-chuan

sabingga sence-i fukjingga hergen

(Quelle: CCTC, 12, 6811)

Über die Entstehung dieser Schrift erzählt das 書纂 Shu-tsuan aus der T'ang-Zeit (618-907) folgende Legende:
Unter der Regierung des Han - Kaisers 武帝 Wu Ti (140-86 v.Chr.) wuchsen vor dessen Thronhalle drei Wunderpflanzen, 靈芝 ling-chih(1), dessen Früchte pilzähnlichen bunten Knoten ähnelten. Da man dies als glückbringendes Omen auffasste, feierte man das Ereignis, indem man ein Lied komponierte und den Künstler 陳遵 Ch'en Tsun beauftragte, zur Erinnerung eine mit diesen Glückspilzen geschmückte Schrift zu schaffen. Dabei stützte er sich auf eine Schriftart aus der letzten Chou-Zeit, als das Land begann, in sechs Reiche zu zerfallen.
章俊卿 Chang Chün-ching schreibt, dass jene alte Schriftart der Zierschrift der Glückspilze sehr ähnlich sah und zur Zeit der sechs Reiche (III Jahrhundert v.Chr.) auf Staatsdokumenten verwendet wurde. Weiters vertritt er die Ansicht, dass sie auf die Kleine Siegelschrift zurückgehe, die praktisch nur durch das Hinzufügen von Pilzen zu einer neuen Zierschrift umgearbeitet wurde.

(1) Nach E. HAUER (Handwörterbuch der Mandschusprache, Tokyo-Hamburg-Wiesbaden 1952-1955, S. 753) wird diese Pflanze folgendermassen beschrieben : "sabingga sence - Glückspilz: Name einer Wunderpflanze, die am Ende der Zweige bunte Knoten bildet, die Pilze ähneln. Die roten gleichen Korallen, die weissen dem Eingeweidefett, die schwarzen dem Lack, die blauen dem Eisvogelblaugrün und die gelben dem Golde."

御製盛京賦有序

芝英篆

嘗聞以父母之心

爲心者天下無不

友之兄弟以祖宗

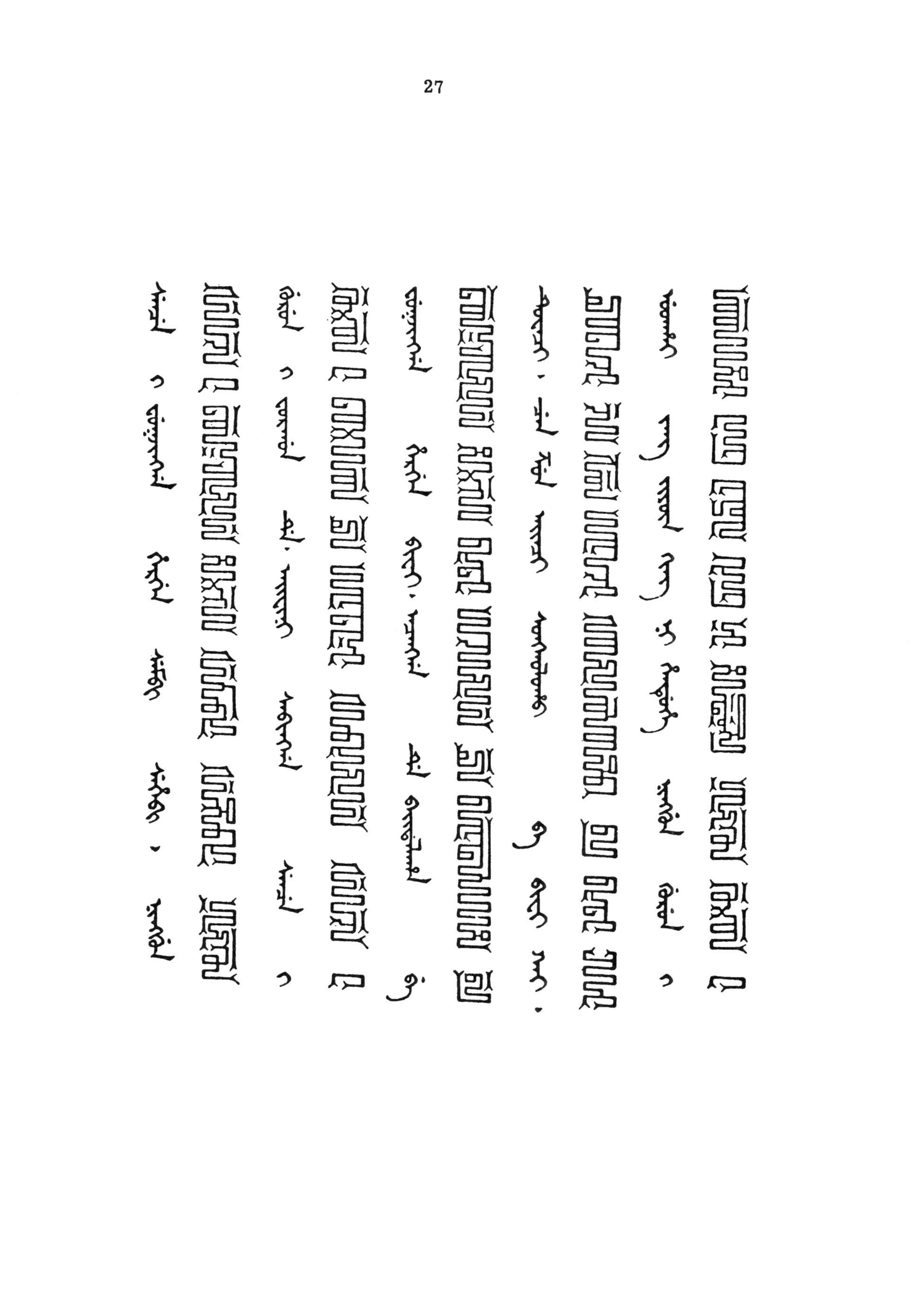

Abbildung 3 a-b

HOHE GROSSE ZIERSCHRIFT

上(尚)方大篆 shang-fang ta-chuan

dergi amba fukjingga hergen

(Quelle: CCTC, 12, 6811)

Der eigentliche Erfinder dieser Schrift ist unbekannt, und man nimmt an, dass sie auf die ersten, primitiven Schriftzeichen zurückgeht. Angeblich soll sie von 李斯 Li Ssu (Ch'in-Zeit, 221-207 v. Chr.) zuerst genauer bearbeitet worden sein, als er sie im Werk 筆經 Pi-ching seines Zeitgenossen 蒙恬 Meng T'ien vorfand. Wahrscheinlicher ist, dass jene antiken Schriftzeichen zuerst von 程邈 Ch'eng Mo (ebenfalls Ch'in-Zeit) und später von 韋續 Wei Hsü (T'ang-Zeit 618-907) abgeändert wurden bzw. die heutige Form erhielten.

祝素先 Chu Su-hsien behauptet, Ch'eng Mo habe die von Li Ssu bearbeiteten alten Zeichen etwas abgeändert, woraus dann diese Zierschrift entstanden sei.

御製盛京賦有序

上方大篆

嘗聞以父母之心

為心者天下無不

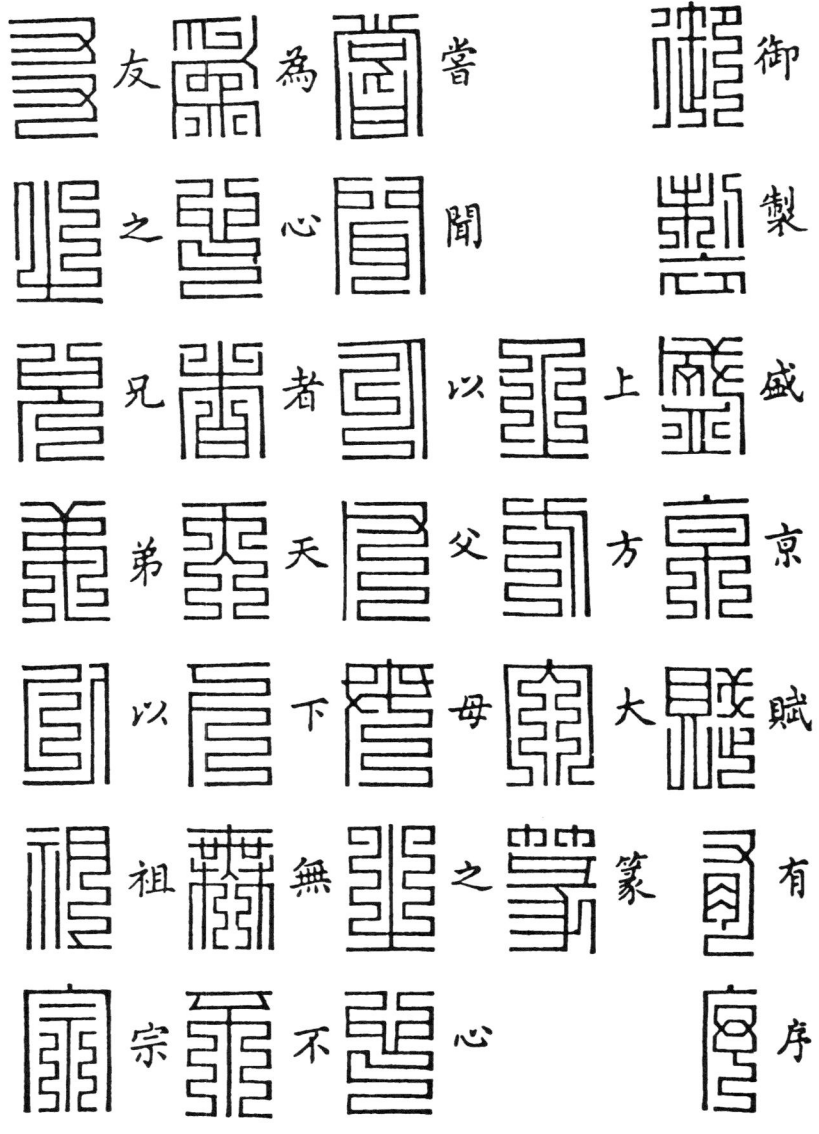

友之兄弟以祖宗

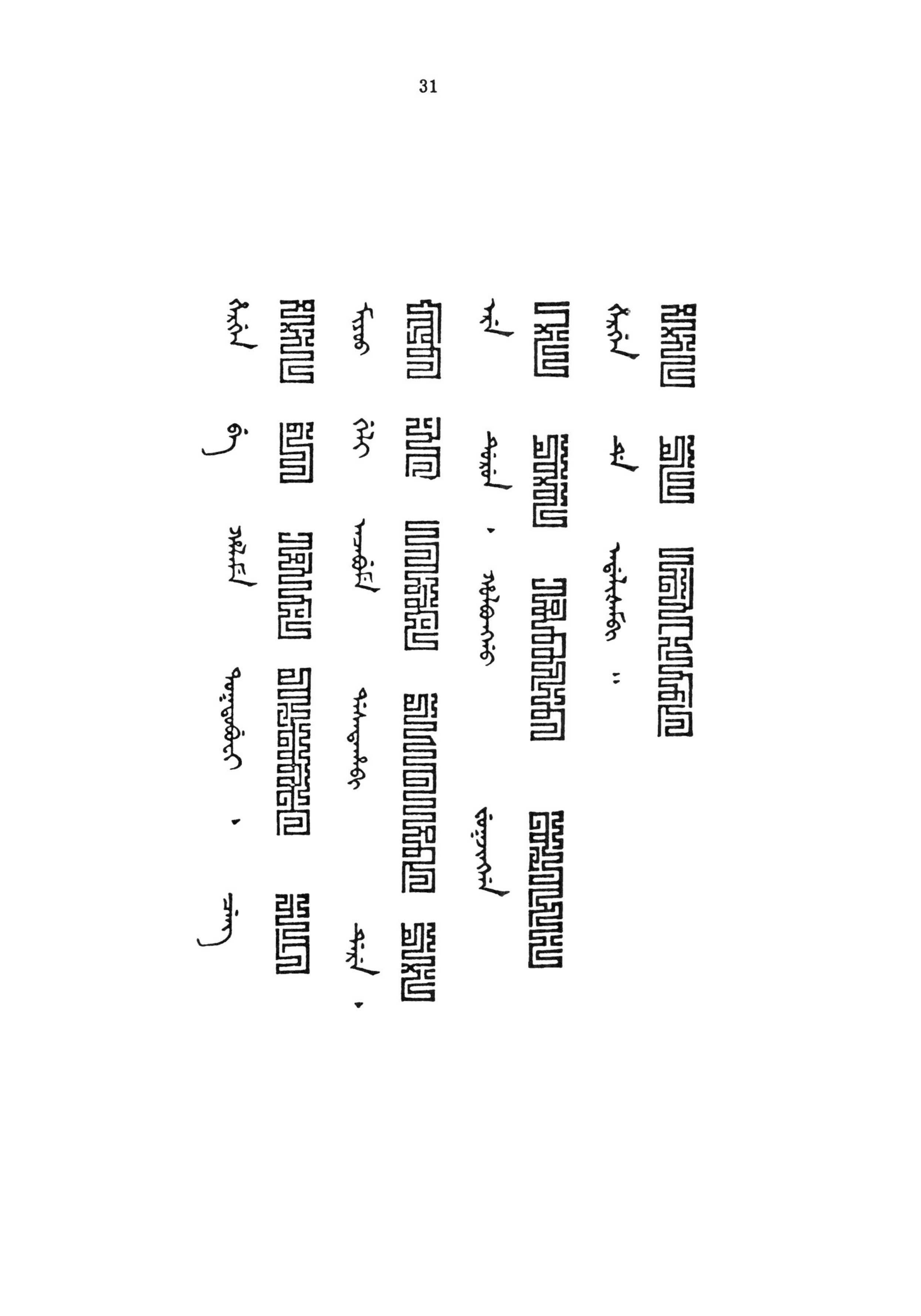

Abbildung 4 a-b

KLEINE SIEGELSCHRIFT (chinesisch)
FEINGESTALTETE ZIERSCHRIFT (mandschurisch)
小篆 hsiao-chuan
narhûngga fukjingga hergen
(Quelle: CCTC, 12, 6811)

Das 書斷 Shu-tuan aus der T'ang-Zeit (618-907) berichtet, dass diese Schrift vom Reichskanzler der Ch'in (221-207 v.Chr.), Li Ssu, geschaffen wurde, indem er die angeblich von 史籀 Shih Chou (Chou-Zeit, 1122-256 v. Chr.) geschaffene Grosse Siegelschrift vereinfachte bzw. "verkleinerte".
衛恒 Wei Heng (Chin-Zeit, 265-420) bestreitet in seinem Werk 論四體書勢 Lun ssu-t'i shu-shih (Abhandlungen über die vier Schriftformen) die damals verbreitete Meinung, die Kleine Siegelschrift sei von 程邈 Ch'eng Mo (Ch'in-Zeit, 221-207 v.Chr.) während seines Gefängnisaufenthaltes zu 雲陽 Yün-yang erfunden worden und behauptet, die Schrift habe bereits lange vor Ch'eng Mo und auch vor Li Ssu existiert.
韋續 Wei Hsü (T'ang-Zeit, 628-907) wiederum schreibt in seinem Werk 書纂 Shu-tsuan, dass der Han-Kaiser 武帝 Wu Ti (140-86 v.Chr.) metallene Urnen aus der Chou-Zeit besessen habe, auf denen Zeichen in der Kleinen Siegelschrift eingraviert waren. Ein weiterer Hinweis, dass diese Schrift bereits unter den Chou verwendet wurde, findet sich im 宣和譜 Hsüan-ho p'u[(1)]: Demnach sollen auch die von 穆 Mu aus 秦 Ch'in[(2)] gegen den Feudalstaat 楚 Ch'u (740-330 v.Chr.) gerichteten Briefe in der Kleinen Siegelschrift abgefasst worden sein.

(1) "Aufzeichnungen [aus der Zeit] von Hsüan-ho", des von 1119 bis 1126 regierenden achten Kaisers der Sung-Dynastie.
(2) Ein kleiner Feudalstaat, der 897-221 v. Chr. existierte und nicht mit der Ch'in-Dynastie (221-207 v.Chr.) zu verwechseln ist.

Nach 熊朋來 Hsiung P'eng-lai (Yüan-Zeit, 1280-1368) sollen sogar die sogenannten Schwertmünzen des Kaisers 黃帝 Huang Ti (mythisch, Thronbesteigung angeblich 2697 v. Chr.) eingravierte Zeichen in der Kleinen Siegelschrift aufweisen.

Auf Grund dieser Angaben liegt der Schluss nahe, dass die Anfänge der späteren Kleinen Siegelschrift sehr weit zurück liegen und Li Ssu wahrscheinlich die ihm vorliegende alte Schriftform (3) vereinfachte und somit die endgültige Form prägte. Deshalb wird sie seit Li Ssu auch Kleine Acht-Zehntel-Zierschrift(4) genannt, da sie aus nur acht Zehnteln der alten Schrift bestehen soll.

(3) D.h. die Grosse Siegelschrift: vgl. Abb.20.

(4) 八分小篆 pa-fen hsiao-chuan oder 八分書 pa-fen shu, mandschurisch jakûn ubui narhûngga fukjingga hergen.

御製盛京賦有序

小篆

嘗聞以父母之心

為心者天下無不

友之兄弟以祖宗

Abbildung 5 a-b

ZIERSCHRIFT DER GLOCKEN UND DREIFÜSSE
鐘鼎篆 chung-ting-chuan
jungken mucihiyangga fukjingga hergen
(Quelle: CCTC, 12, 6811)

Nach dem 墨藪 Mo-sou des 韋續 Wei Hsü (T'ang-Zeit, 618-907) wurde diese Schrift von Kaiser 大禹 Ta Yü (angeblich 2205-2197 v.Chr.), dem mythischen Gründer der Hsia-Dynastie (2205-1767 v.Chr.) nach dem Vorbild von Glocken und dreifüssigen Opfervasen geschaffen.
Nach 熊朋來 Hsiung P'eng-lai aus der Yüan-Dynastie (1280-1368) hatten in der Antike die vom Kaiser verwendeten Opfergefässe eine glocken - bzw. ur = nenähnliche Form, je nachdem ob sie aufrecht oder umgekehrt aufgestellt wurden.
Als der Sung-Kaiser 仁宗 Jen-tsung den Jahresnamen 皇祐 Huang-yu führte(1), befahl er seinen Ministern, die auf den alten Gefässen vorhandenen Zeichen genau abzuschreiben und zu sammeln. Etwas später, als der achte Sung-Kai = ser 徽宗 Hui-tsung den Jahresnamen 宣和 Hsüan-ho führte(2), waren die Stu = dien soweit fortgeschritten, dass man beginnen konnte, diese Schriftzeichen wieder auf Dokumenten zu verwenden. Das Verdienst, alle noch auf den Opfergefässen der drei Dynastien Hsia, Shang (1766-1122 v.Chr.) und Chou (1122 - 256 v.Chr.) vorhandenen Zeichen gesammelt und somit der Nachwelt erhalten zu haben, wird 薛尚功 Hsieh Shang-kung aus der Sung-Zeit (960-1279) zugeschrieben.

(1) 1049 - 1053
(2) 1119 - 1126

御製盛京賦有序

鐘鼎篆

嘗聞以父母之心

為心者天下無不

友之兄弟以祖宗

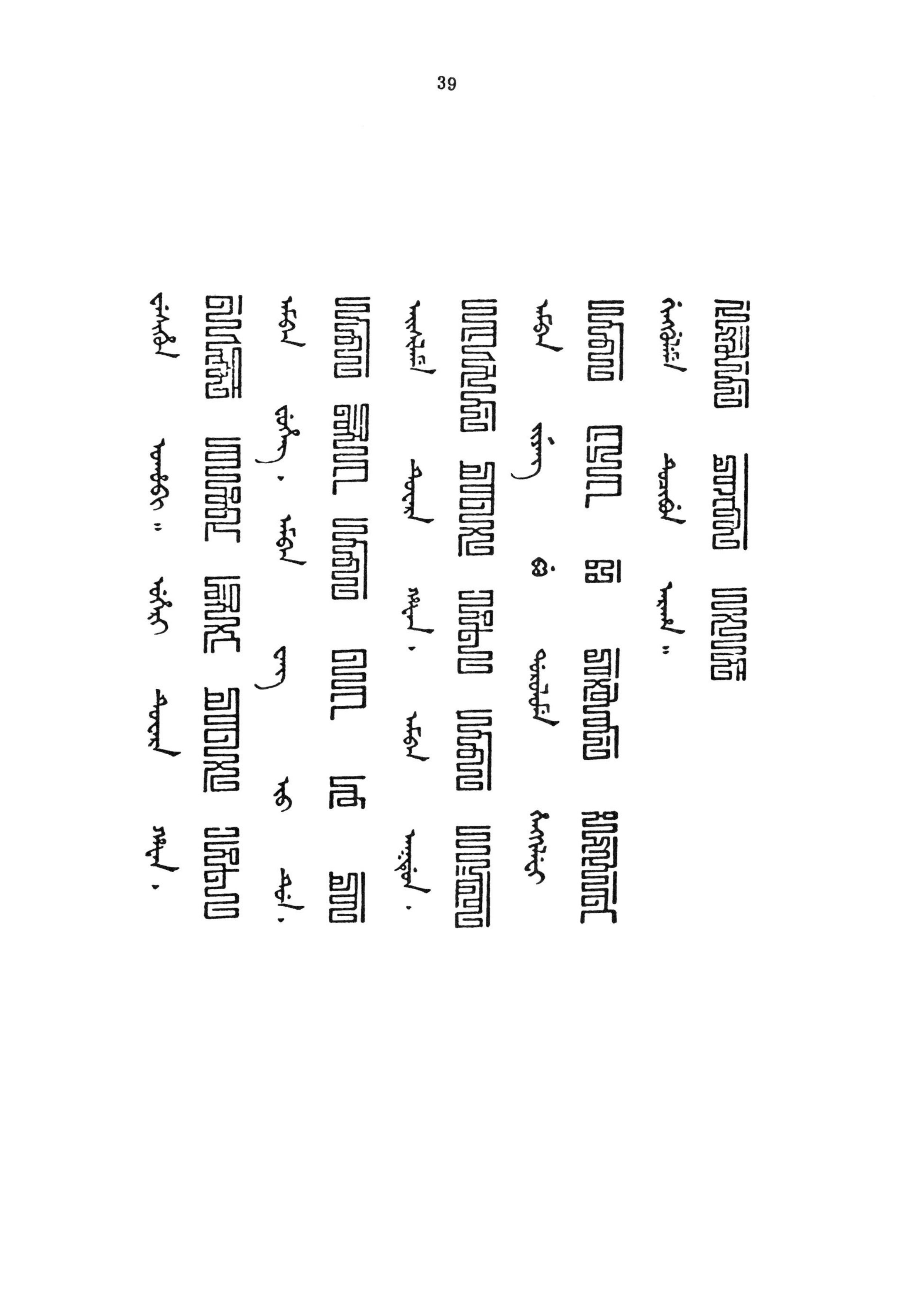

Abbildung 6 a-b

ZIERSCHRIFT DES HERABTROPFENDEN TAU
垂露篆 ch'ui-lu-chuan

sabdara silengingge fukjingga hergen
(Quelle: CCTC, 12, 6811)

Nach den Aufzeichnungen des Bonzen 夢英 Meng Ying (Sung-Zeit, 960-1279) wurde diese Schrift von 曹喜 Ts'ao Hsi (Spätere Han-Zeit, 25-220) geschaffen, um auf Throneingaben und kaiserlichen Edikten verwendet zu werden. Der Name für diese Schrift wurde auf Grund der verlängerten Linien der Zeichen geprägt, die dickflüssigem, herabtropfendem Tau ähneln.
Diese Schriftart wurde besonders vom Han - Kaiser 章帝 Chang Ti (76-89) hoch geschätzt und der berühmte Dichter 蔡邕 Ts'ai Yung (133-192) verglich sie mit den "perlengleichen Tautropfen auf Bambusblättern, die durch des Windes Wehen zu Boden fallen."

御製盛京賦有序

垂露篆

嘗聞以父母之心

爲心者天下典不

友之兄弟以祖宗

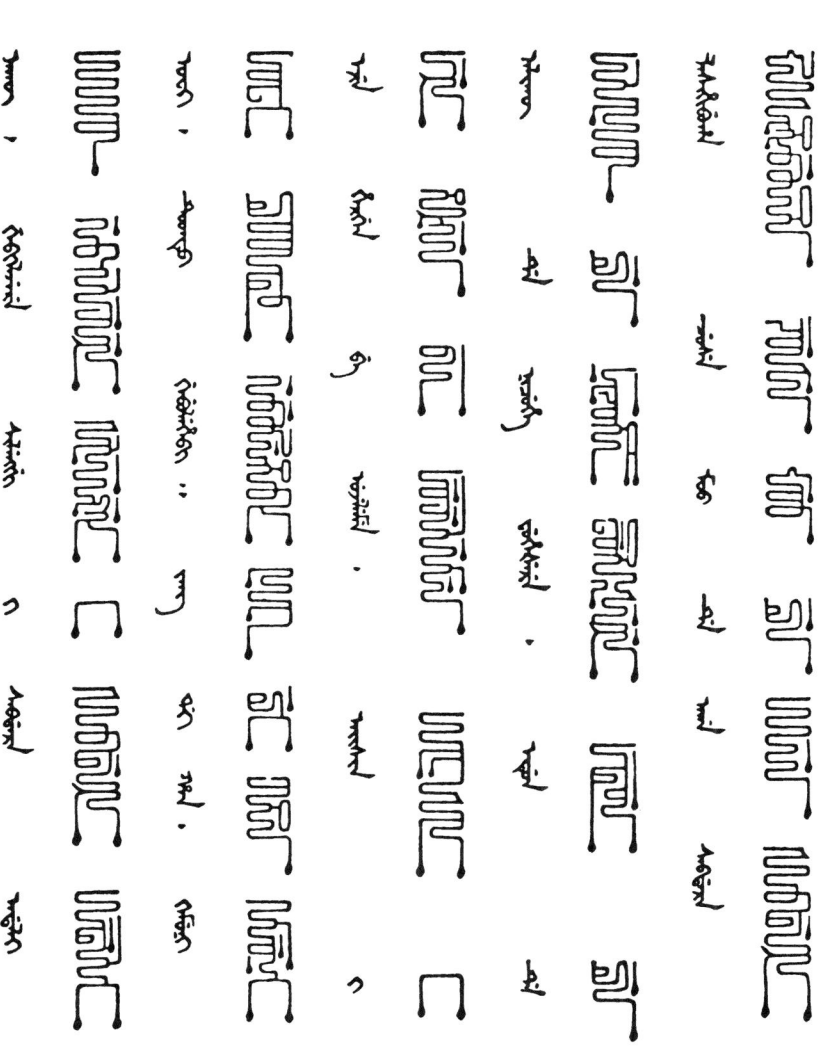

Abbildung 7 a-b

ZIERSCHRIFT DER WEIDENBLÄTTER
柳葉篆 liu-yeh-chuan
fodoho abdaha fukjingga hergen
(Quelle: CCTC, 12, 6811)

Der Bonze 夢英 Meng Ying (Sung-Zeit, 960-1279) schreibt, dass diese Schrift von 衞瓘 Wei Kuan der Chin-Zeit (265 - 420) geschaffen wurde. Ihren Namen verdankt sie der Pinselführung, bei der die Linien zuerst sehr dick aufgetragen werden müssen und sich allmählich verfeinern sollen, sodass sie eine gewisse Ähnlichkeit mit Weidenblättern bekommen.

Diese zu den elegantesten Zierschriften zählende Schrift wurde von Wei Kuans Nachkommen zusätzlich noch verfeinert und stellt nach Meng Ying den Triumpf der mit dem Pinsel geschriebenen Schrift über die durch das Gravieren entstandenen Zeichen dar.

御製盛京賦有序

柳葉篆

嘗聞以父母之心

為心者天下無不

友之凡弟以祖宗

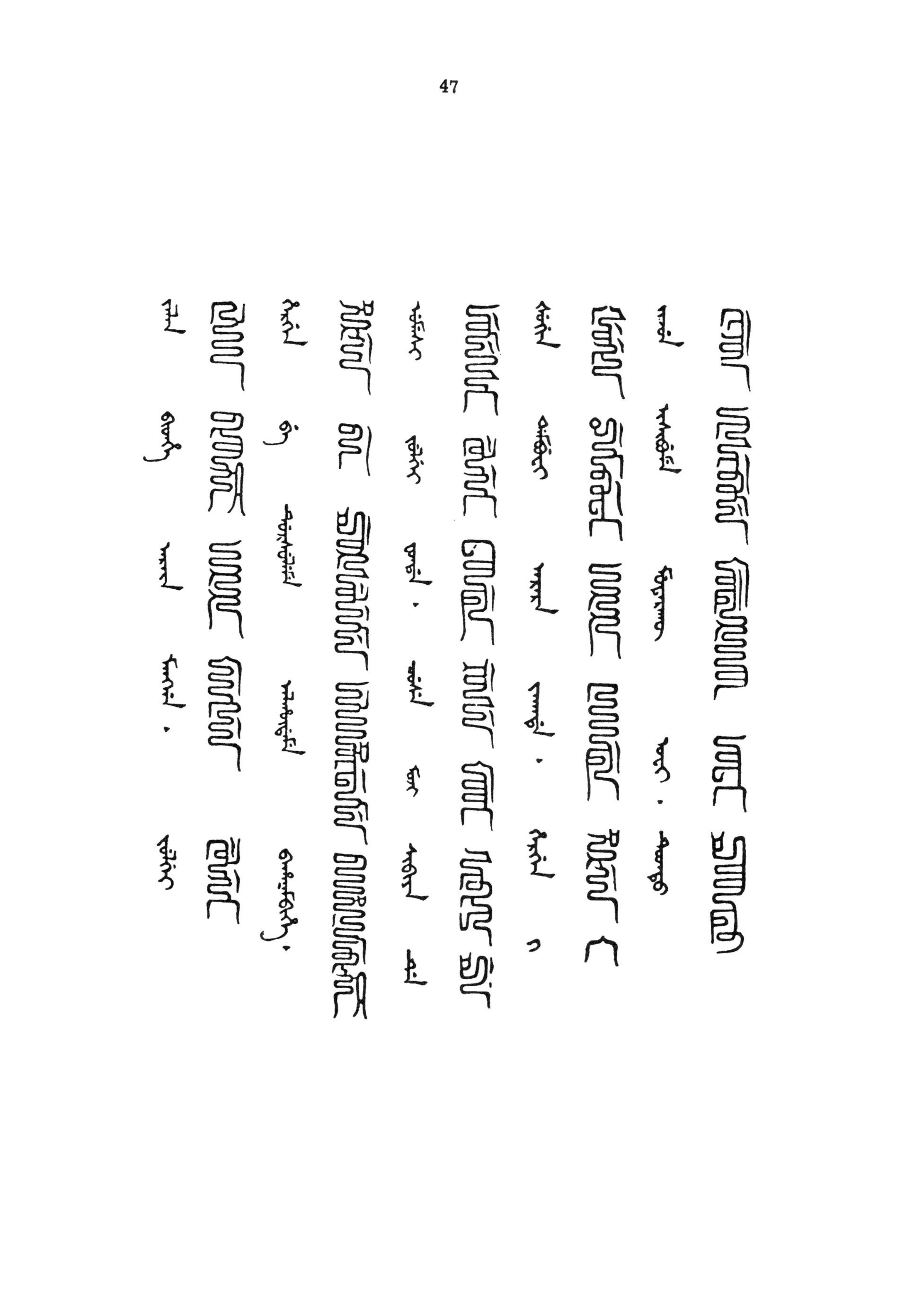

Abbildung 8 a-b

ZIERSCHRIFT DER LANZEN (chinesisch)
ZIERSCHRIFT DER KANTIGEN KEULEN (mandschurisch)
殳篆 shu-chuan
gencehen mukšangga fukjingga hergen
(Quellen: CCTC, 12, 6811; 辭海 Tz'u-hai, 742)

Allen Nachforschungen zum Trotz konnte der Erfinder dieser Schrift nicht ermittelt werden. Im 書纂 Shu-tsuan (aus der T'ang-Zeit 618-907) findet sich jedoch die Bemerkung, dass ein nicht näher definierter 伯氏 Po Shih in seinen Aufzeichnungen, die militärische Angelegenheiten betrafen, eine besondere Schrift anwendete und jene Seiten mit dem Zeichen 殳 shu (Keule, Lanze, d.h. militärbezogen) kennzeichnete. Aufzeichnungen zivilen Charakters wurden von Po Shih durch das Hinzufügen des Zeichens 笏 hu(1) gekennzeichnet. Die Vermutung liegt nahe, dass diese besondere Schriftart im Laufe der Zeit für die Aufzeichnungen von Befehlen, die der Kaiser an seine Offiziere erliess, verwendet wurde. Es ist sogar wahrscheinlich, dass die Offiziere selbst diese Schrift benützten, um die Befehle als Gedächtnisstütze auf ihre Keulen einzuritzen.

Der Name der Schrift bezieht sich also nicht auf ihre Form, die keinerlei Ähnlichkeit mit Keulen oder Lanzen hat.

Ihr Gebrauch ist zumindest für die Han-Zeit (206 v. - 220 n.Chr.) nachgewiesen und zwar auf Grund eines aus jener Zeit stammenden Siegels, dessen Zeichen 丁欽私印 ting-ch'in ssu-yin in dieser Zierschrift geschrieben waren.

Das Tz'u-hai(2) berichtet, dass diese Zierschrift bereits eine der acht unter den Ch'in (221-207 v.Chr.) gebräuchlichen Schriftarten gewesen sei.

(1) Kleines Elfenbeintäfelchen, das die Beamten bei Audienzen beim Kaiser um den Hals trugen und auf die sie ihre Anliegen aufgezeichnet hatten.
(2) Ausgabe Hongkong 1974.

御製盛京賦
有序

殳篆

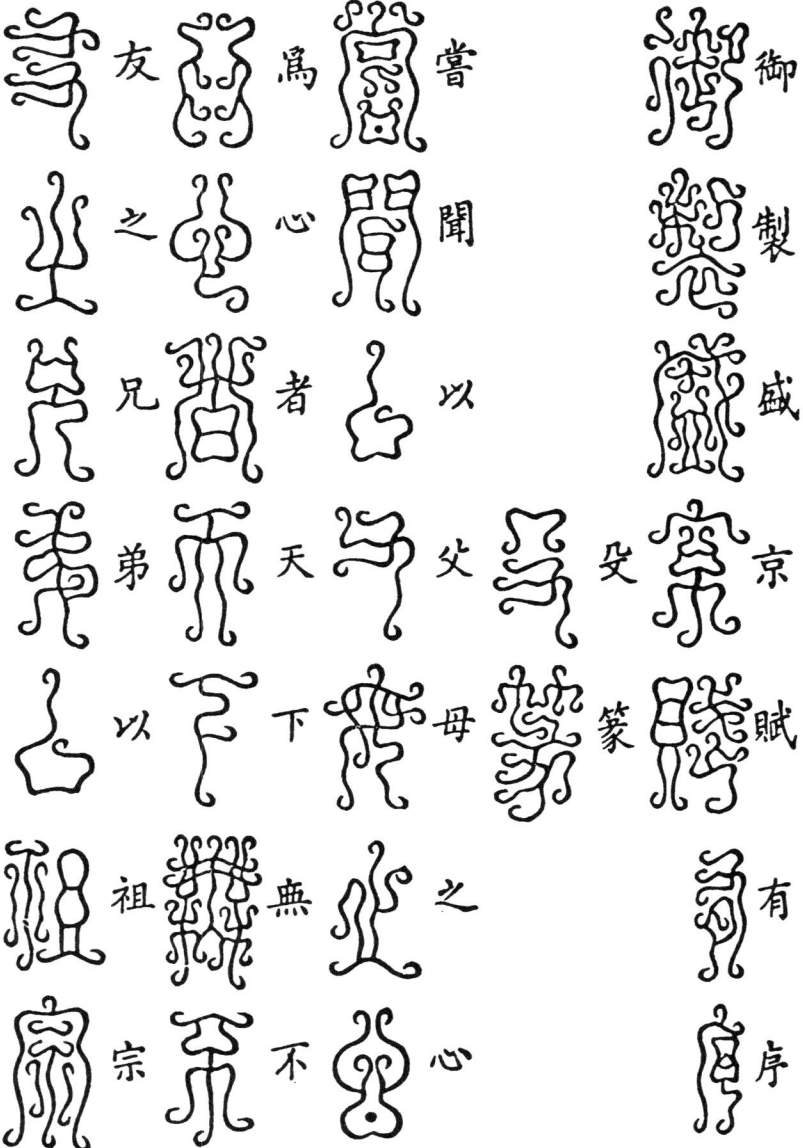

嘗聞以父母之心
爲心者天下無不
友之兄弟以祖宗

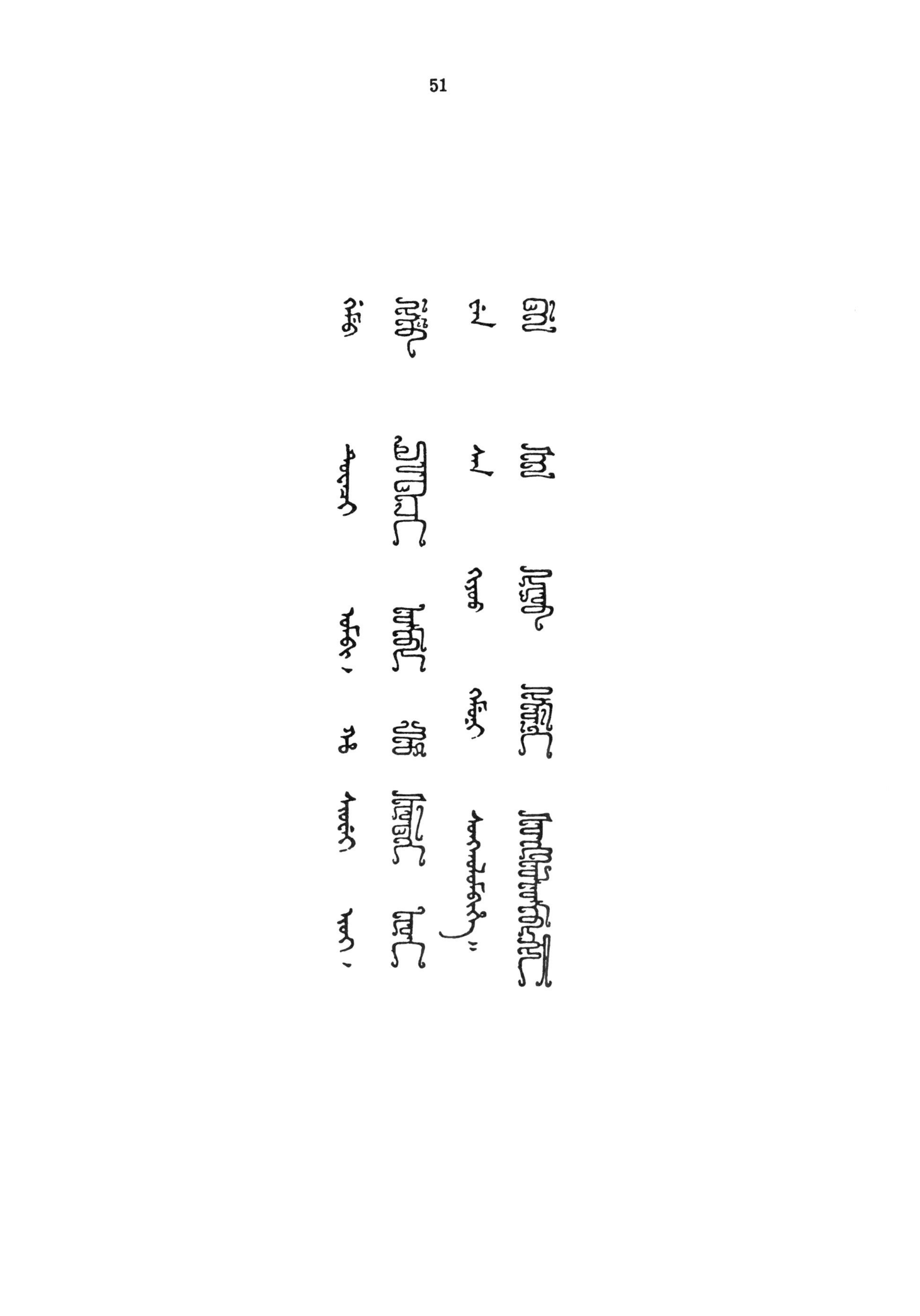

[illegible]

Abbildung 9 a-b

ZIERSCHRIFT DER HÄNGENDEN NADELN
縣鍼篆 hsien-chen-chuan
lakiyaha ulmengge fukjingga hergen
(Quelle: CCTC, 12, 6811)

Nach dem 書纂 Shu-tsuan (T'ang-Zeit, 618-907) wurde diese Schrift unter den Späteren Han (25-220) von 曹喜 Ts'ao Hsi geschaffen und für die Titelschriften der fünf klassischen Bücher verwendet.
Im 河洛遺誥 Ho-lo i-kao wird bemerkt, dass Ts'ao Hsi die Kleine Siegelschrift als Vorbild nahm und ihre Linien nadelartig nach unten verlängerte, wodurch diese neue Schrift entstand. Mit der Zierschrift der hängenden Nadeln soll er jedoch die Titel der drei Geschichten geschrieben haben, damit sie von der ähnlichen, auch von ihm erfundenen Zierschrift des herabtropfenden Tau - mit der er die Titel der fünf klassischen Bücher geschrieben haben soll - besser unterschieden werden konnte.

御製盛京賦有序

縣鍼篆

嘗聞以父母之心

爲心者天下無不

友之兄弟以祖宗

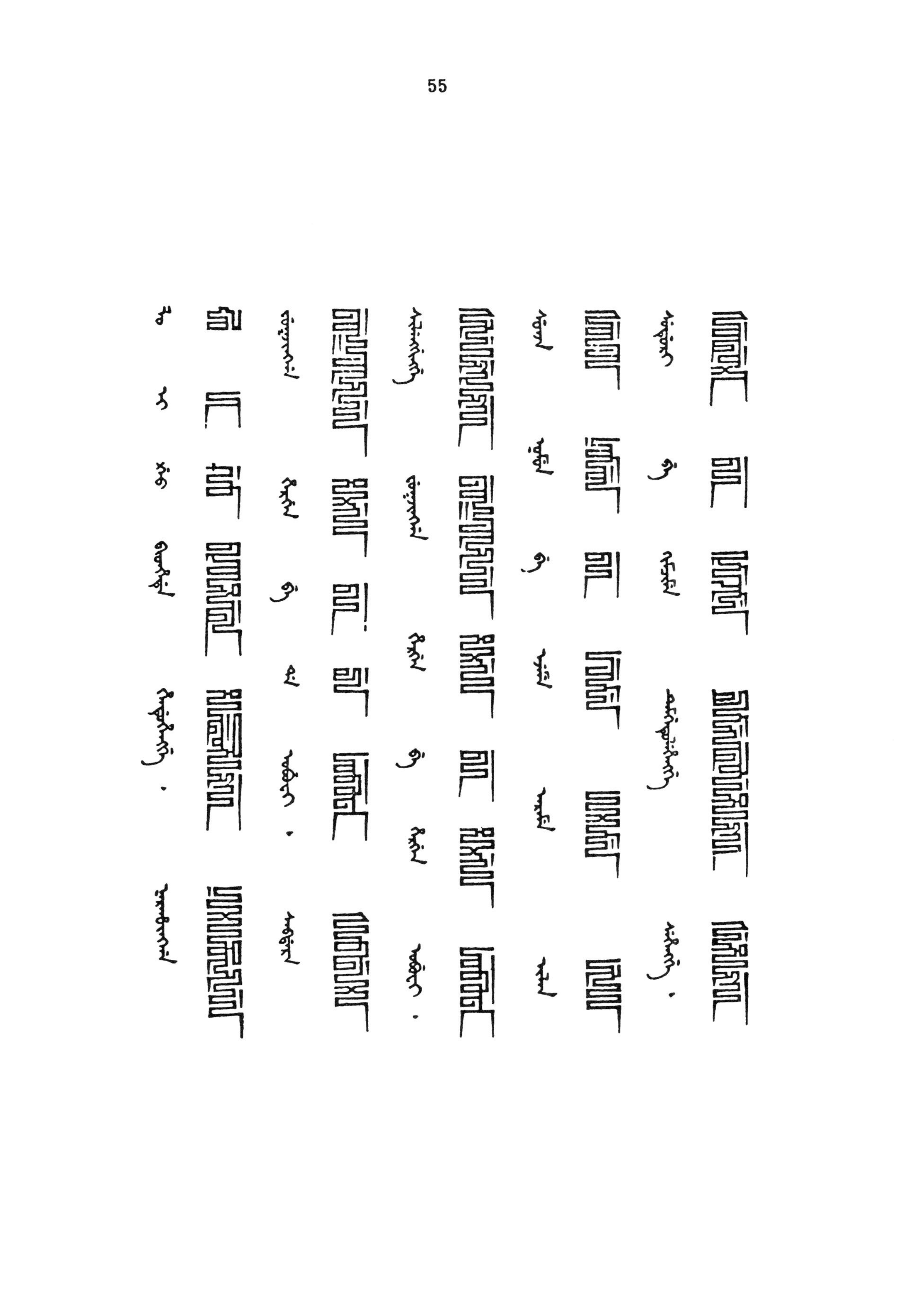

Abbildung 10 a-b

ZIERSCHRIFT DER DRACHEN
龍書篆 lung-shu-chuan
muduringga fukjingga hergen
(Quelle: CCTC, 12, 6812)

Nach der im 書纂 Shu-tsuan aus der T'ang-Zeit (618-907) überlieferten Sage soll der mythische Kaiser 庖羲 P'ao Hsi [1] einen bunten Drachen gefangen haben. Er fasste dies als glückverheissendes Omen auf und beauftragte einen seiner Beamten, der daraufhin 飛龍 Fei - lung ("Fliegender Drache") genannt wurde, zur Erinnerung an dieses Ereignis sechs Schriftarten zu schaffen. Nur eine davon ist unter dem Namen Zierschrift der Drachen überliefert. Ihre Züge sollen flüchtig und fein, ihre Form teils lang und teils kurz sein; durch ihre Zartheit soll sie den Eindruck erwecken, als schwebe sie in der Luft.[2]

(1) Auch 伏羲 Fu Hsi, Thronbesteigung angeblich 2852 v. Chr.
(2) Vgl. auch das in dieser Zierschrift verfasste Ch'in-Siegel auf S. 1.

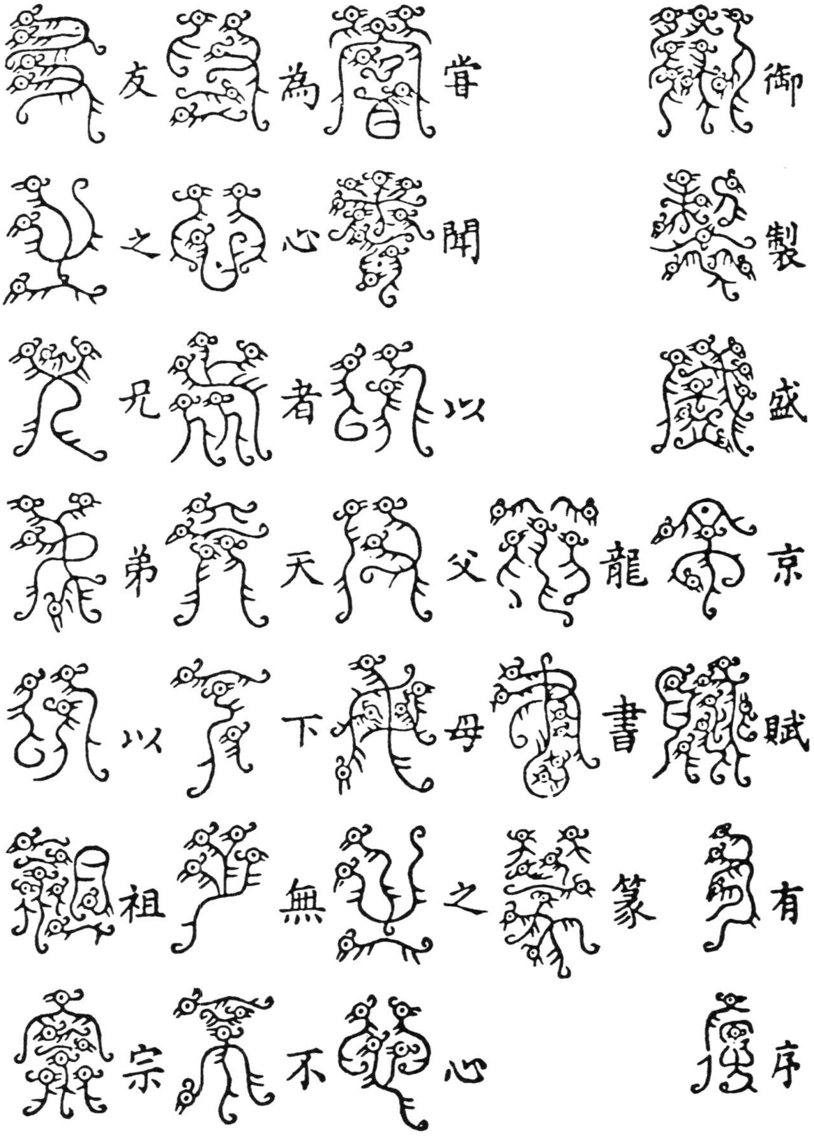

御製盛京賦有序
龍書篆
嘗聞以父母之心
為心者天下無不
友之凡弟以祖宗

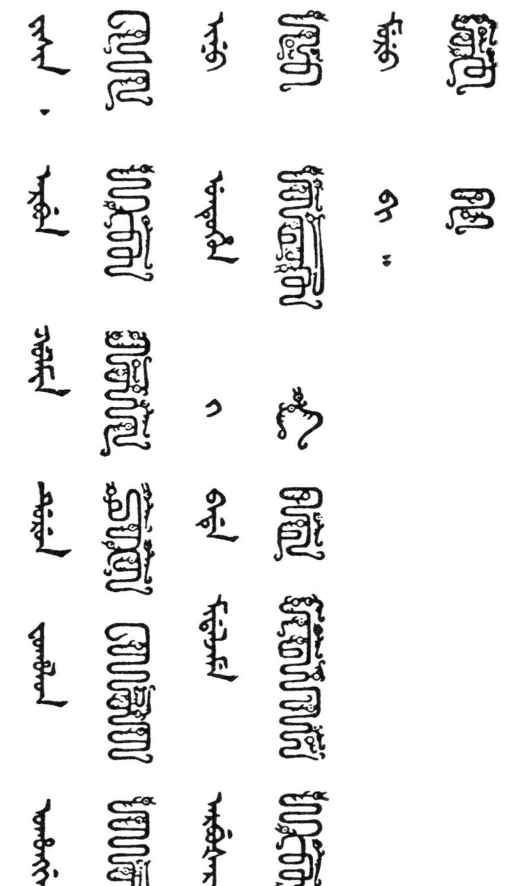

Abbildung 11 a-b

ZIERSCHRIFT DER ÄHREN
穟(穗)書篆 sui-shu-chuan
suihetu fukjingga hergen
(Quelle: CCTC, 12, 6812)

韋續 Wei Hsü aus der T'ang-Zeit (618-907) schreibt in seinem Werk 墨藪 Mo-sou, dass zur Zeit des mythischen Kaisers 神農 Shen Nung[1] zu 上黨 Shang-tang acht wunderbare Kornähren wuchsen. Um dieses seltsame Ereignis für die Nachwelt festzuhalten, schuf man eine mit Ähren geschmückte Schriftart, und verwendete sie beim rituellen Verkünden der Jahreszeiten; ihr Erfinder ist jedoch nicht bekannt.

(1) D.h. 炎帝 Yen Ti, der zweite der fünf mythischen Kaiser Chinas, Thronbesteigung angeblich 2737 v. Chr.

御製盛京賦有序

穟書篆

嘗聞以父母之心

為心者天下無不

友之兄弟以祖宗

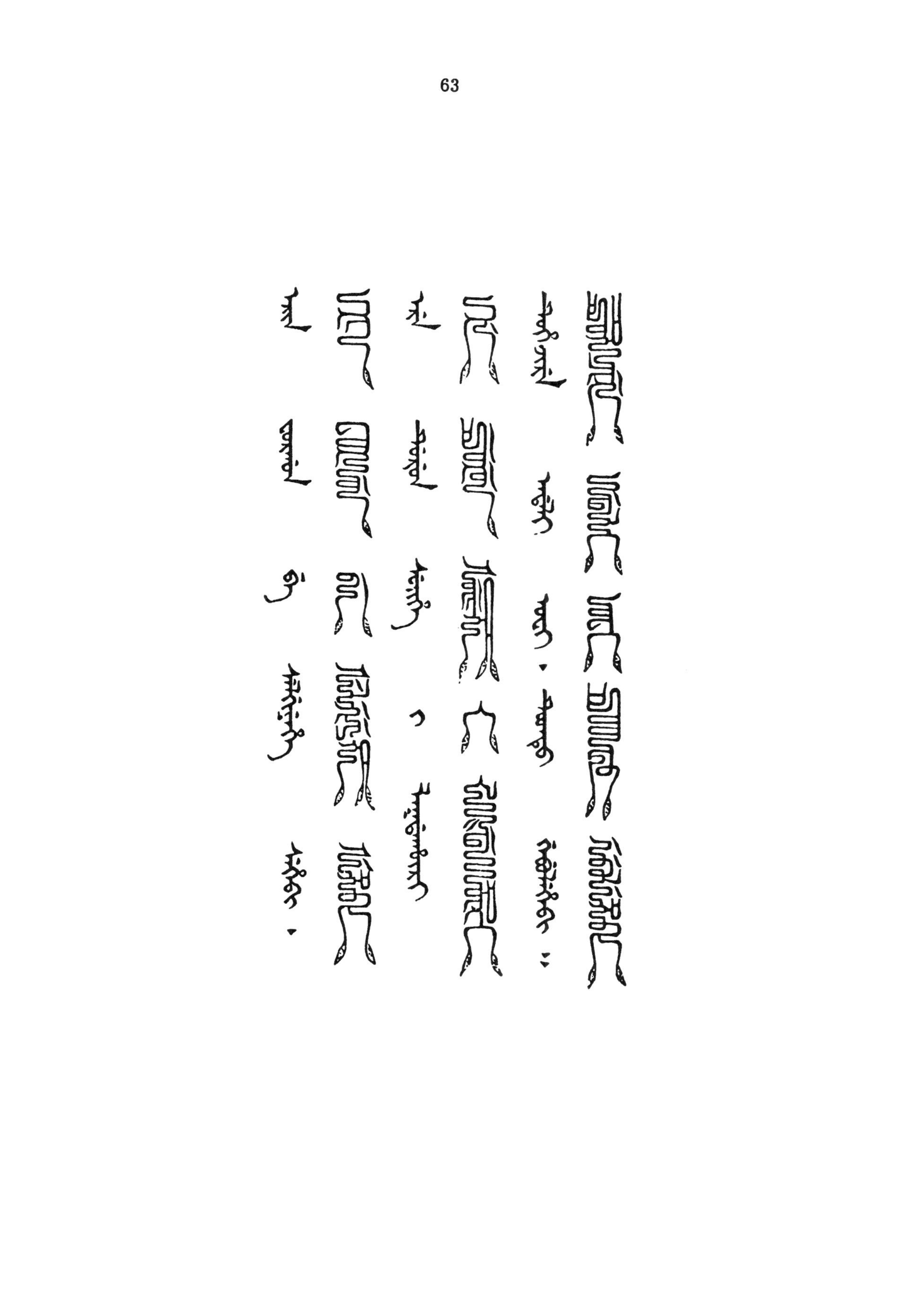

Abbildung 12 a-b

ZIERSCHRIFT DER VOGELSPUREN
鳥跡篆 niao-chi-chuan
gashai songkonggo fukjingga hergen
(Quelle: CCTC, 12, 6812)

Nach dem 書纂 Shu-tsuan aus der T'ang-Zeit (618-907) wurde diese Schrift von 倉頡 Ts'ang Chieh, dem angeblichen Erfinder der chinesischen Schrift, im dritten Jahrtausend v. Chr. geschaffen, indem er die im Sand hinterlassenen Vogelspuren zum Vorbild nahm.
Die Ähnlichkeit dieser Schrift mit Vogelspuren wird auch von 蔡邕 Ts'ai Yung (133-192) in seinem Werk 篆勢 Chuan-shih ("Die Formen der Siegelschriften") hervorgehoben.
Kaiser 武帝 Wu Ti der Liang (502-557) bekämpfte die damals weit verbreiteten Zweifel an der Theorie, dass Ts'ang Chieh der Schöpfer dieser Schrift gewesen sei.
Nach dem 書斷 Shu-tuan aus der T'ang-Zeit gehört sie, zusammen mit der Zierschrift der Kaulquappen, zu den ältesten chinesischen Schriften überhaupt.
郭忠恕 Kuo Chung-shu (Sung-Zeit, 960-1279) berichtet, dass gegen Ende der Chou - Zeit, als sich das Reich in sechs Staaten aufzulösen begann (III Jahrhundert v.Chr.), diese Schrift von der Herrscherschicht als Geheimschrift verwendet wurde.

御製盛京賦有序

鳥跡篆

嘗聞以父母之心為心者天下無不友之兄弟以祖宗

Abbildung 13 a-b

ZIERSCHRIFT DER HERABHÄNGENDEN WOLKEN (chinesisch)
ZIERSCHRIFT DER ZUSAMMENGEBALLTEN WOLKEN (mandschurisch)
垂雲篆 ch'ui-yün-chuan
borhoho tugingge fukjingga hergen
(Quelle: CCTC, 12, 6812)

Das 書纂 Shu-tsuan aus der T'ang - Zeit (618-907) berichtet, dass zu Zeiten des mythischen Kaisers 黃帝 Huang Ti (Thronbesteigung angeblich 2697 v.Chr.) sich der Himmel mit wunderbaren Wolkenansammlungen bedeckte; deshalb schuf man diese Schrift, um die Erinnerung an jenes Ereignis - das man als glück = verheissendes Omen betrachtete - wachzuhalten.
Einer der berühmtesten Experten dieser Schriftart, 衛恒 Wei Heng aus der Chin-Zeit (265-420), schreibt, dass ihre "Zeichen sich entfalten müssten wie die Wolken, und der Pinsel so beweglich gehandhabt werden müsse als würde er fliegen."

御製盛京賦有序

垂雲篆

嘗聞以父母之心

為心者天下無不

友之兄弟以祖宗

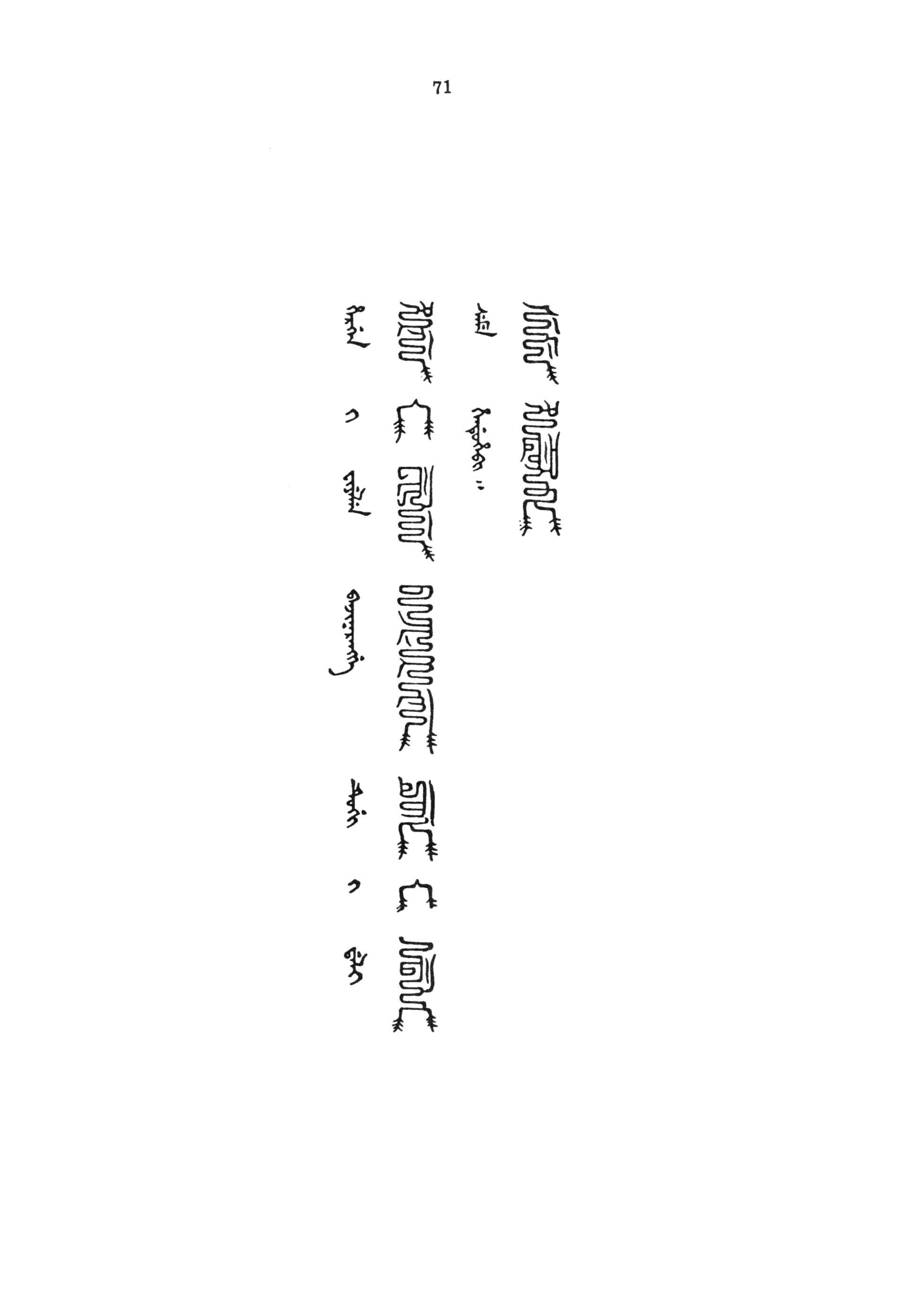

Abbildung 14 a-b

ZIERSCHRIFT DER PHÖNIXE UND KALAVINKA - VÖGEL
鸞鳳篆 luan-feng-chuan
garunggû garudangga fukjingga hergen

(Quelle: CCTC, 12, 6812-6813)

Das 書纂 Shu-tsuan aus der T'ang-Zeit (618-907) berichtet, dass jene Schrift unter dem mythischen Kaiser 少昊 Shao Hao (Thronbesteigung angeblich 2597 v. Chr.) nach dem Aussehen von damals erschienenen Phönixen und Kalaviṅka-Vögeln[(1)] geschaffen wurde. Da jene Wundervögel nur erscheinen, wenn Welt - frieden herrscht, wollte man dieses glückverheissende Omen durch die Schaf - fung einer Zierschrift für alle Zeiten festhalten.

(1) garunggû bezeichnet den phönixartigen Kalaviṅka (<sanskrit) und entspricht dem chinesischen 鸞 luan (eigentlich nur der weibliche Phönix), der bei den Mandschu wiederum gerudei genannt wird.
garudangga (< garudai) bezeichnet den männlichen Phönix (鳳 feng).

御製盛京賦有序

鸞鳳篆

嘗聞以父母之心

為心者天下無不

友之兄弟以祖宗

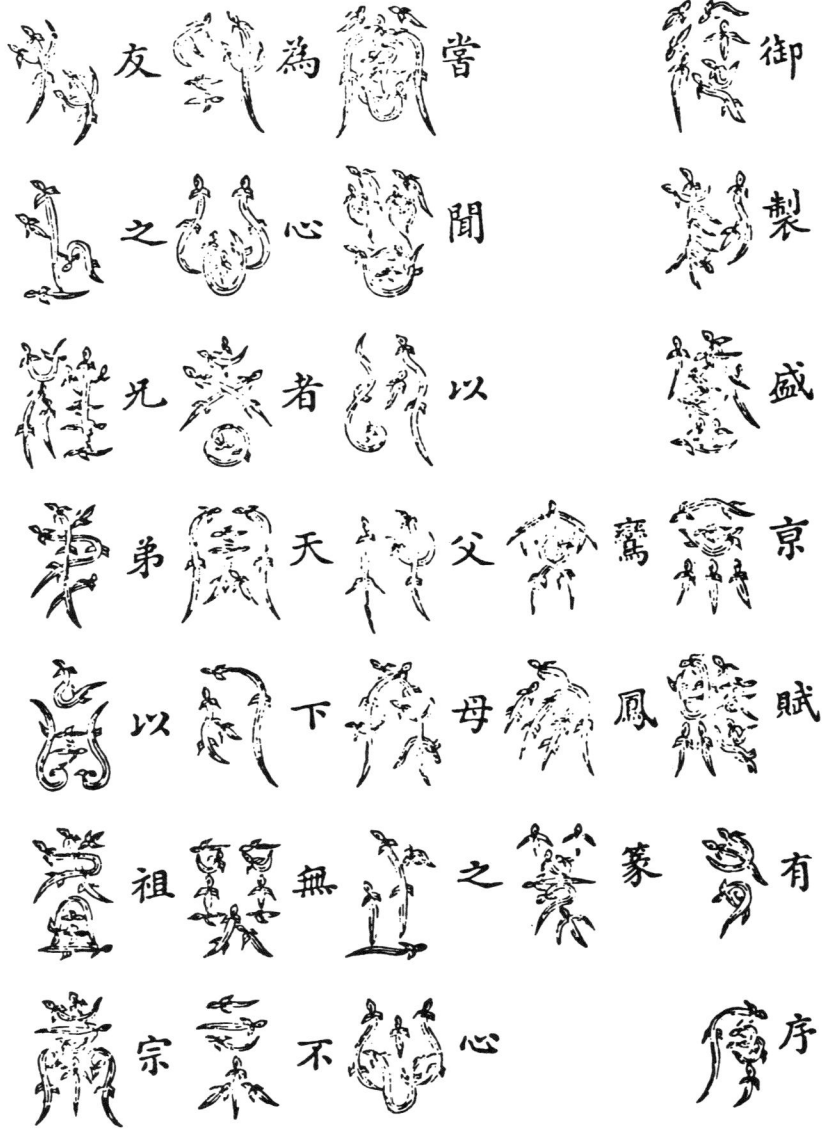

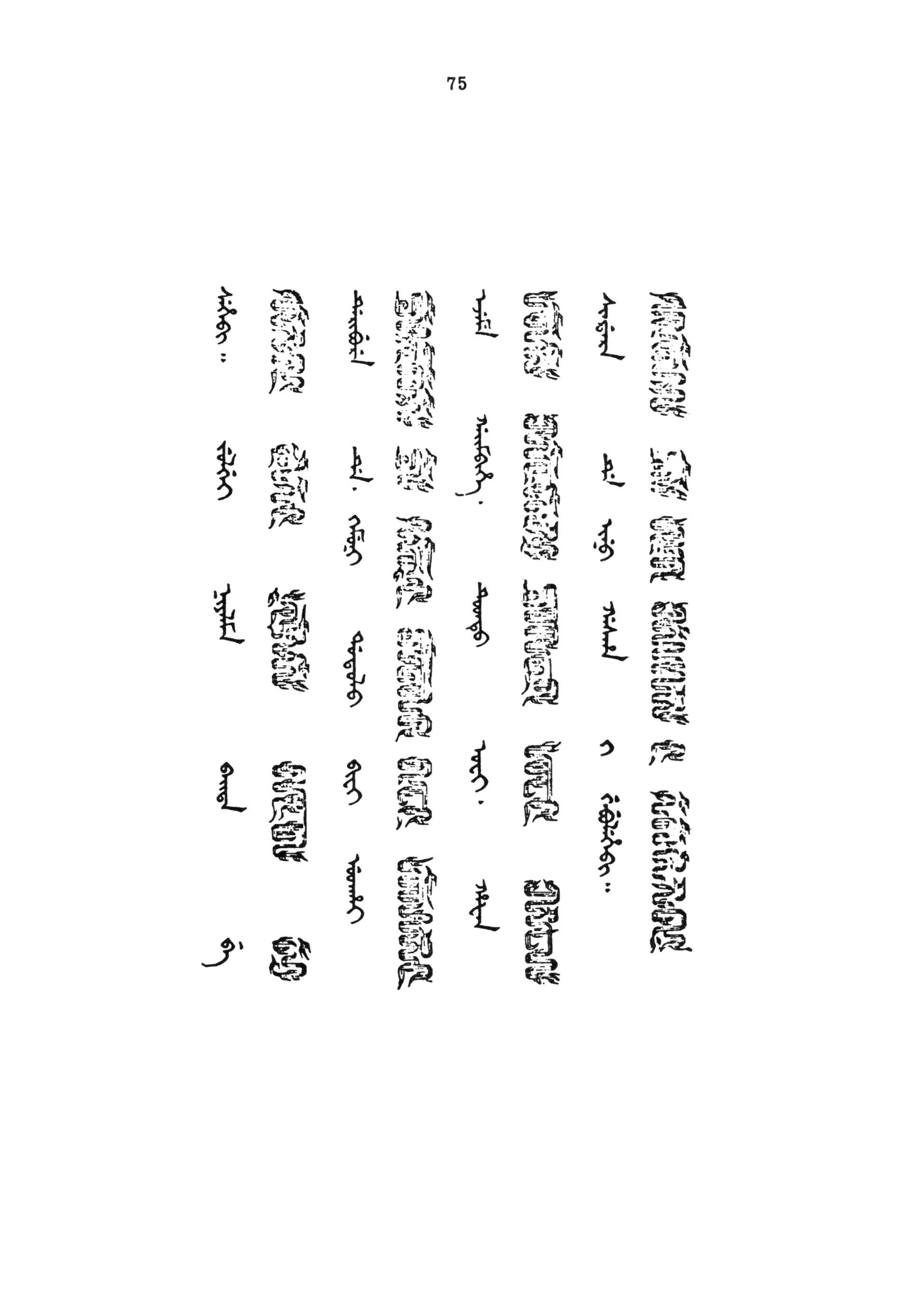

[illegible]

[illegible]

[illegible]

[illegible]

[illegible]

[illegible]

[illegible]

[illegible]

Abbildung 15 a-b

ZIERSCHRIFT DER KAULQUAPPEN

科斗（蝌蚪）篆（書） k'o-tou-chuan (shu)

kokingga fukjingga hergen

(Quellen: CCTC, 12, 6813; 辭源 Tz'u-yüan(1), 545)

吾衍 Wu Yen aus der Yüan - Zeit (1280-1368) behauptet in seinem Werk 字原 Tzu-yüan ("Ursprung der Schriftzeichen"), dass bereits der angebliche Erfinder der chinesischen Schrift, 倉頡 Ts'ang Chieh, im dritten Jahrtausend v. Chr. die Absicht hatte, eine kaulquappenähnliche Schriftart zu schaffen. Diese anscheinend weit verbreitete Meinung wurde jedoch bereits von 韋續 Wei Hsü aus der T'ang-Zeit (618-907) widerlegt, der den Erfinder als unbekannt bezeichnet.

釋適 Shih Chê schreibt in seinem Werk 金壺記 Chin-hu-chi ("Aufzeichnungen über Metallvasen"), dass bereits der fünfte und letzte mythische chinesische Kaiser 高陽 Kao Yang (Thronbesteigung angeblich 2513 v. Chr.) kaulquappenähnliche Zeichen angefertigt hatte.

Weitere Nachrichten über diese ohne Zweifel sehr alte Schrift sind in 衛恒 Wei Heng's Werk 篆論 Chuan - lun ("Erörterungen über die Siegelschriften", Chin-Zeit 265-420) enthalten: demnach wurden zur Zeit des Han-Kaisers 武帝 Wu Ti (140-86 v. Chr.) in einer Wand(2) von Konfuzius' Haus Aufzeichnungen mit unbekannten, kaulquappenähnlichen Zeichen gefunden, die als Muster für die daraufhin entwickelte Zierschrift der Kaulquappen dienten.

Nach 費氏 Fei Shih aus der Ming-Zeit (1368-1644) war sie eine der zwanzig Schriftarten des Altertums, ihr Schöpfer sei unbekannt geblieben.

(1) Ausgabe Hongkong 1975.

(2) Um seltene Werke vor der 213 v. Chr. vom Reichskanzler 李斯 Li Ssu durchgeführten berüchtigten Bücherverbrennung zu retten, wurden sie in Häuserwänden eingemauert.

Gräberfunde in 汲 Chi (aus der Chin-Zeit, 265-420) und in 楚 Ch'u (aus der südlichen Ch'i-Zeit, 479-502) haben bewiesen, dass die Zierschrift der Kaulquappen damals auf Bambustäfelchen verwendet wurde.
王隱 Wang Yin aus der Chin-Zeit (265-420) schliesslich berichtet, dass bei der Plünderung des Grabes von 魏安釐王 Wei-an-li-wang[3] bei 汲郡 Chi-chün in Honan ebenfalls Bambustäfelchen mit Zeichen in Kaulquappenschrift gefunden wurden. Damit steht fest, dass diese Schrift bereits in der Chou-Zeit (1122-256 v. Chr.) bekannt war.
Der Name der Schrift stammt daher, weil ihre Linien zuerst breit aufgetragen wurden und sich erst allmählich verdünnten, wodurch sie eine gewisse Ähnlichkeit mit den Kaulquappen erhielten.

(3) Vgl. 中國人民大辭典 Chung-kuo jen-min ta-tz'u-tien, (Ausgabe Taipei 1975), S. 1734.

御製盛京賦有序

科斗篆

嘗聞以父母之心為心者天下無不友之凡弟以祖宗

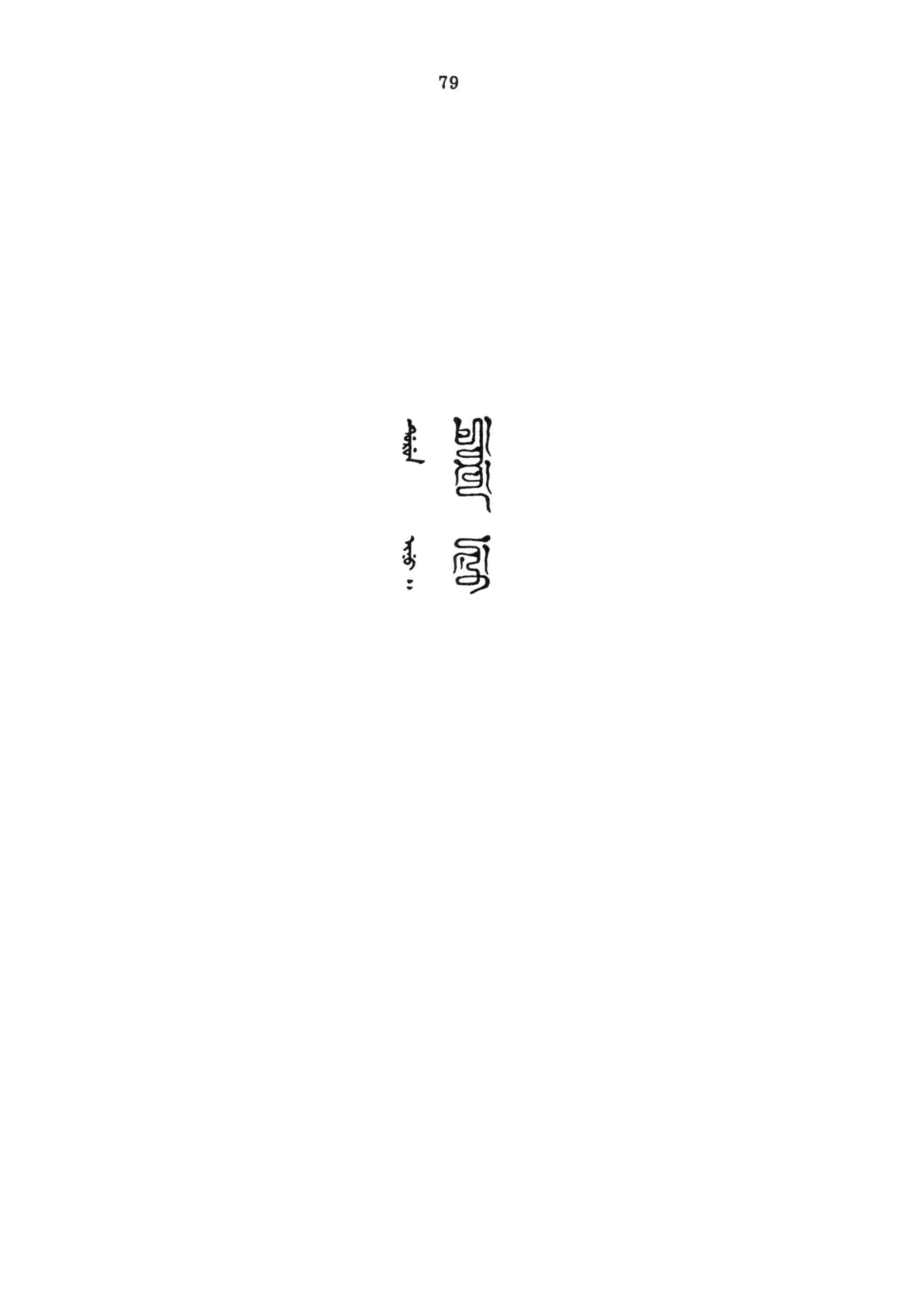

Abbildung 16 a-b

ZIERSCHRIFT DER SCHILDKRÖTEN
龜書篆 kuei-shu-chuan
eihumengge fukjingga hergen
(Quelle: CCTC, 12, 6813)

Das Werk 墨藪 Mo-sou aus der T'ang-Zeit (618-907) berichtet über die Entstehung dieser Schrift folgende Legende:
Als Kaiser 陶唐 T'ao T'ang(1) die Zeichnung einer wunderbaren Schildkröte sah, die zur Zeit Kaiser 軒轅 Hsien Yüan's(2) erschienen war, wurde er zur Schaffung einer schildkrötenähnlichen Schriftart angeregt. Der Umstand, dass erst Kaiser 堯 Yao (d.h. T'ao T'ang) auf den Gedanken kam, auf Grund eines Bildes aus der Hsien-Yüan-Zeit eine Schrift zu schaffen, sei nicht weiter verwunderlich: so soll auch 史佚 Shih I seine Vogel-Zierschrift(3) auf Grund eines viel früher entstandenen Bildes geschaffen haben.

(1) Einer der vier persönlichen Namen des letzten der fünf mythischen Kaiser: er regierte angeblich 2513 - 2205 v. Chr.
(2) Einer der zwei persönlichen Namen des dritten mythischen Kaisers 黃帝 Huang Ti (der "Gelbe Kaiser"), angebliche Regierungszeit 2697-2597 v.Chr.
(3) Vgl. Abbildung 18 a-b.

御製盛京賦有序

龜書篆

嘗聞以父母之心

爲心者天下無不

友之兄弟以祖宗

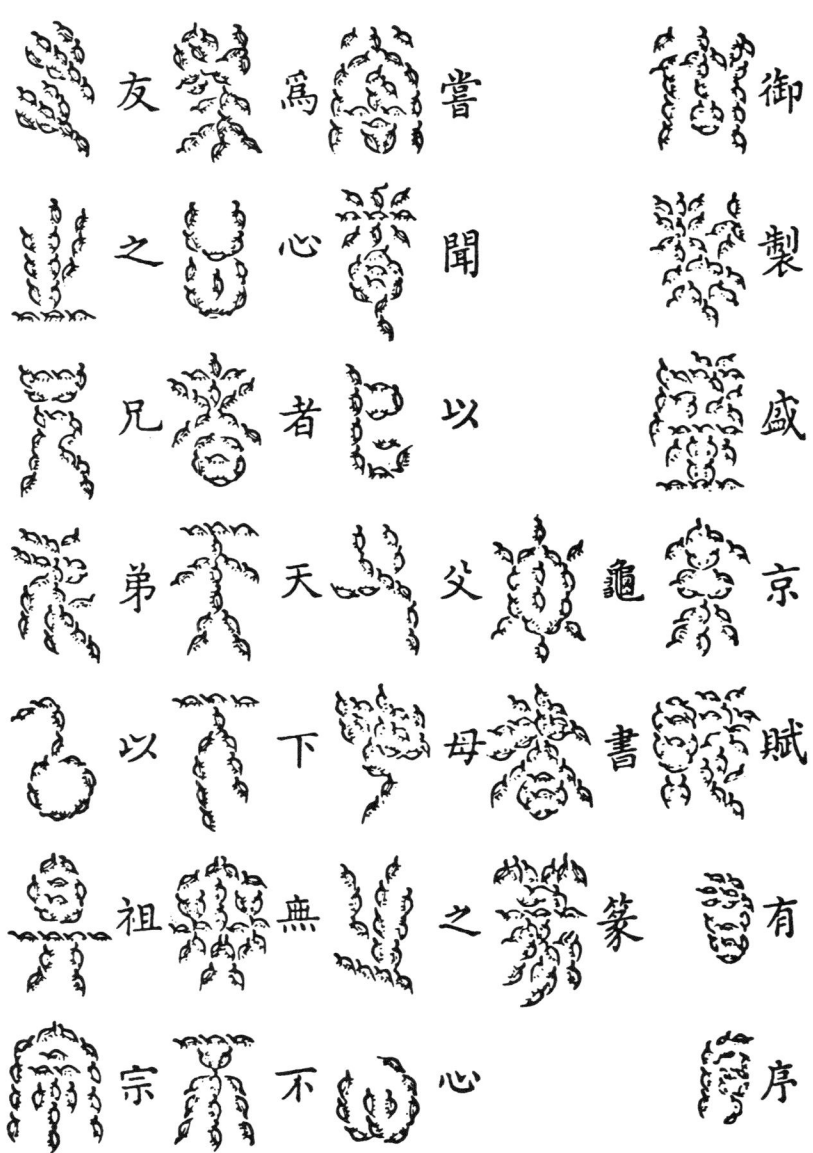

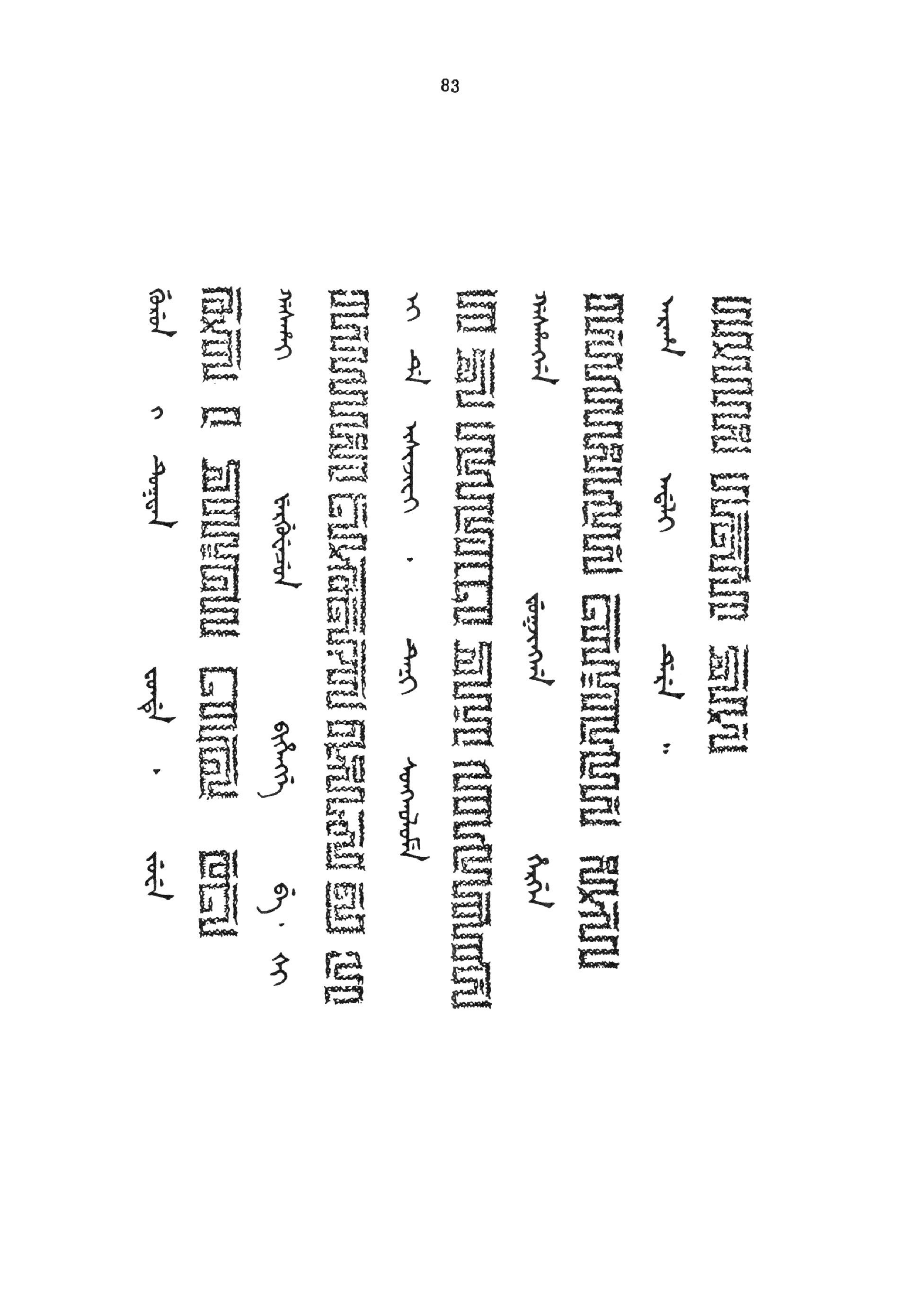

Abbildung 17 a-b

ZIERSCHRIFT DER HERABHÄNGENDEN SCHALOTTEN
倒薤篆 tao-hsieh-chuan
labdahûn suduli-i fukjingga hergen

(Quellen: CCTC, 12, 6813; Tz'u-hai, 112)

元度 Yüan Tu berichtet in seinem Werk 論書十體 Lun-shu shih-t'i ("Abhandlungen über die zehn Schriftarten") aus der T'ang - Zeit (618-907), dass diese Schrift von 務光 Wu Kuang(1) zur Zeit von 湯 T'ang (1766-1753) v.Chr.), dem Gründer der Shang-Dynastie (angeblich 1766-1122 v.Chr.), geschaffen wurde.

Wu Kuang selbst hat dieses Ereignis in einem Gedicht festgehalten:

"Zurückgezogen am Ufer des klaren 冷 Ling,
lebte ich von angepflanzten Schalotten;
als der kühle [Abend]wind die [Schalotten]blätter erreichte
sah ich, wie sie gemeinsam zum Schlafe herabsanken.
Nach ihrem Bildnis schuf ich diese Schrift
und schrieb damit drei Kapitel des 太上紫經 T'ai-shang tzu-ching".

Auch 朱長文 Chu Ch'ang-wen (Sung-Zeit, 960-1279) zitiert in seinem Werk 墨池編 Mo-ch'ih-pien dieses Gedicht und bestätigt, dass Wu Kuang während seiner Meditationen diese Schrift geschaffen habe, die auch Zierschrift der Schalottenblätter(2) genannt wird.

(1) Ein sog. "taoistischer Unsterblicher" (仙人 hsien-jen), zu Göttern erhobene taoistische Heilige.
(2) 薤葉篆 hsieh-yeh-chuan, mandschurisch suduli abdaha fukjingga hergen.

御製盛京賦有序

倒薤篆

嘗聞以父母之心

為心者天下無不

友之兄弟以祖宗

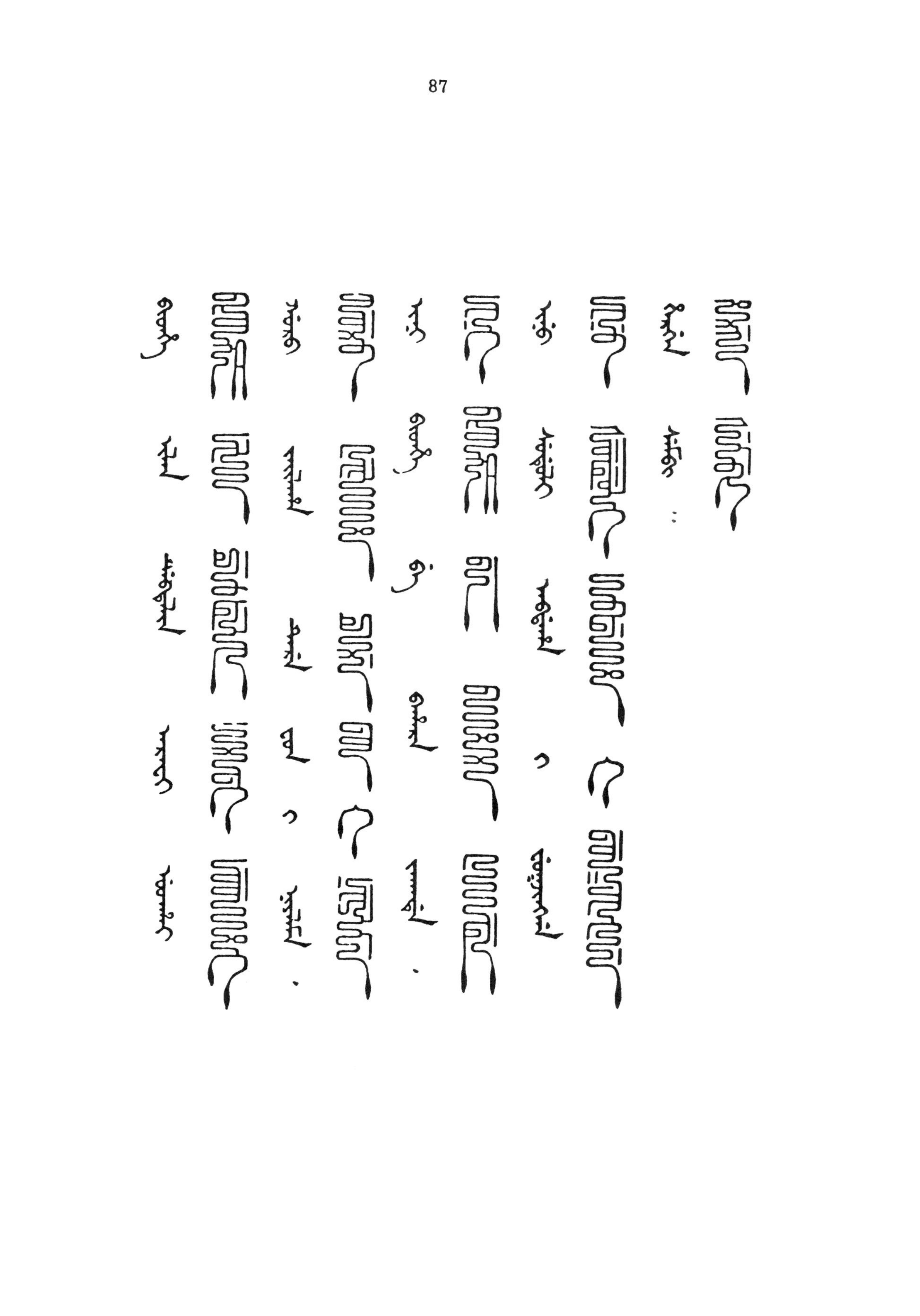

Abbildung 18 a-b

VOGEL - ZIERSCHRIFT

鳥書篆 niao-shu-chuan

gashangga fukjingga hergen

(Quelle: CCTC, 12, 6813)

Über die Entstehung dieser Schrift gibt 元度 Yüan Tu in seinem Werk 論書十體 Lun-shu shih-t'i ("Abhandlungen über die zehn Schriftarten", T'ang-Zeit, 618-907) folgende Auskunft:

Nachdem unter 文王 Wen Wang der Chou ein sperlingsgrosser roter Vogel und unter seinem Sohn 武王 Wu Wang(1) ein rabengrosser roter Vogel erschienen war, wurden beide Erscheinungen als glückbringendes Omen aufgefasst und in einem Bild festgehalten. Auf Grund dieser Zeichnung soll man dann die Vogel-Zierschrift geschaffen haben, die laut kaiserlichem Edikt auf Dokumenten von grösster Wichtigkeit Verwendung finden sollte.

Auch 韋續 Wei Hsü (T'ang-Zeit) bringt die Entstehung dieser Schrift mit dem Erscheinen von zwei Vögeln in Zusammenhang und bezeichnet den Schöpfer als unbekannt.

Nur 唐元度 T'ang Yüan-tu (T'ang-Zeit) behauptet, 史佚 Shih I - ein Schreiber des Kaisers 成王 Ch'eng Wang (1115 - 1078 v. Chr.) - sei der Erfinder dieser Schrift gewesen.

(1) Der erste Kaiser der Chou, der angeblich 1122 die Dynastie gegründet haben soll.

御製盛京賦有序

鳥書篆

嘗聞以父母之心

為心者天下無不

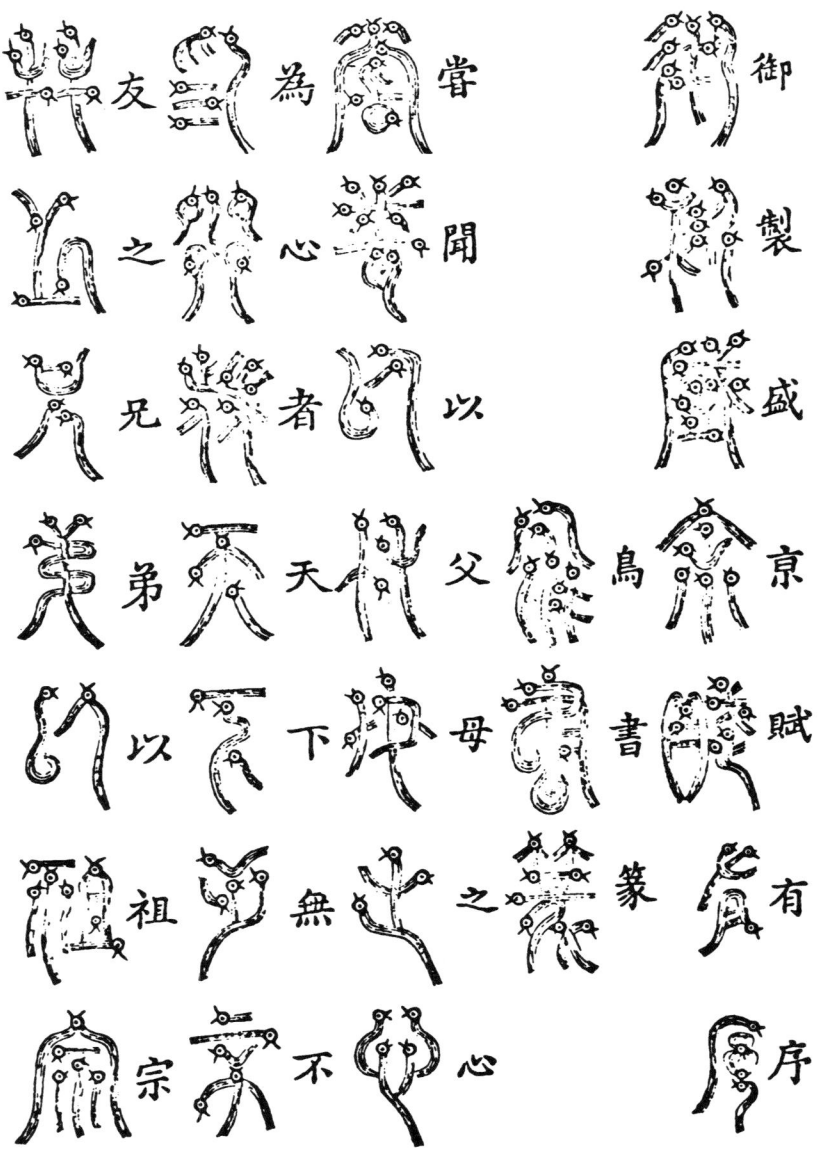

友之兄弟以祖宗

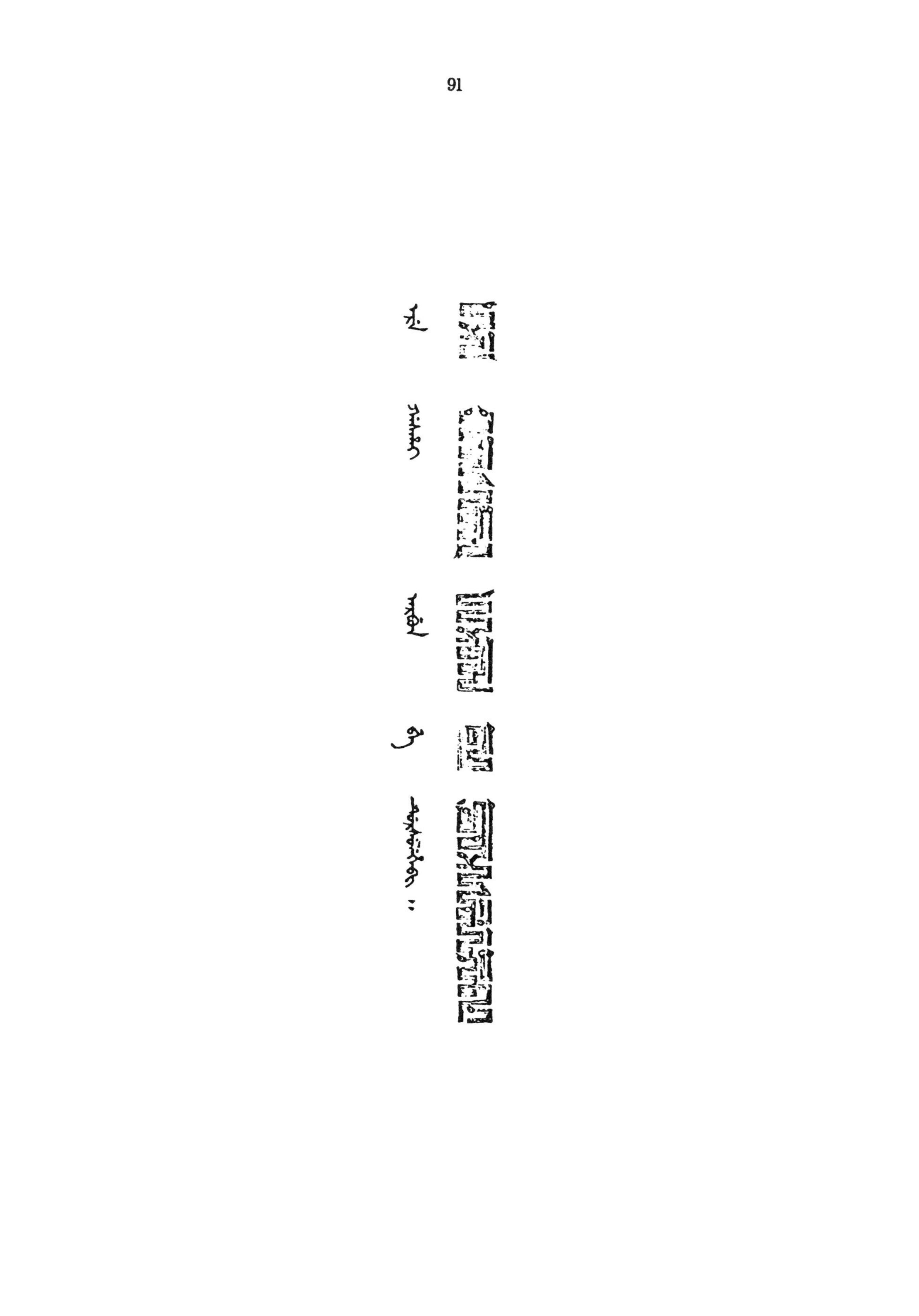

[illegible]

[illegible]

Abbildung 19 a-b

ZIERSCHRIFT DER GRABSTEINE (chinesisch)
ZIERSCHRIFT DER VEREINIGUNGEN (mandschurisch)
墳書篆 fen-shu-chuan
acabungga fukjingga hergen
(Quelle: CCTC, 12, 6813)

祝素先 Chu Su-hsien berichtet, dass zur Chou-Zeit (1122-256 v. Chr.) die Ehevermittler diese Schriftart benutzten, um den Heiratsvertrag auf sogenannten "Ehekontrakttafeln" festzuhalten. Auf diese Anwendung bezieht sich der mandschurische Name der Schrift, während die chinesische Bezeichnung sich auf ihren Gebrauch auf Grabsteinen bezieht.
Der Erfinder dieser Schrift ist unbekannt. Ein anderer Name für diese Zierschrift lautet 塡篆 t'ien-chuan (Zierschrift zum Schriftstück - Ausfüllen), dem das mandschurische etwas genauere Äquivalent holbonggo fukjingga hergen (Zierschrift der [ehelichen] Verbindungen) entspricht.

御製盛京賦有序

墳書篆

嘗聞以父母之心

爲心者天下無不

友之兄弟以祖宗

Abbildung 20 a-b

GROSSE SIEGELSCHRIFT (chinesisch)
GROBGESTALTETE ZIERSCHRIFT (mandschurisch)
大篆 ta-chuan
muwarungga fukjingga hergen
(Quellen: CCTC, 12, 6813; Tz'u-hai 348)

In dem Werk 春秋 Ch'un - chiu ("Frühling und Herbst") des 呂氏 Lü Shih (Ch'in-Zeit, 221-207 v.Chr.) wird berichtet, dass der angebliche Erfinder der chinesischen Schrift, 倉頡 Ts'ang Chieh (III Jahrtausend v.Chr.) diese Schrift geschaffen haben soll.
Im 藝文志 I-wen-chih aus der Han-Zeit (206 v. - 220 n.Chr.) hingegen heisst es, dass 史籀 Shih Chou (Chou-Zeit, 1122-256 v.Chr.) der Schöpfer der Grossen Siegelschrift sei.
Das 書斷 Shu-tuan (T'ang-Zeit, 618-907) wiederum behauptet, dass die Grosse Siegelschrift zwar von Ts'ang Chieh erfunden, von Shih Chou jedoch umgearbeitet wurde.
Fest steht, wie 虞世南 Yü Shih-nan aus der T'ang-Zeit berichtet, dass diese Schrift bereits auf den alten Steintrommeln(1) verwendet wurde und somit zu den ältesten Schriftarten Chinas gehört, dessen Erfinder jedoch nicht mehr mit Sicherheit ermittelt werden konnte.
Zur Ch'in-Zeit (221-207 v. Chr.) gehörte sie zu den acht Siegelschriften des Reiches und nach dem 說文敘 Shou-wen-hsü wurde sie bereits auf den Siegeln des Chou-Kaisers 宣王 Hsüan Wang (827 - 781 v. Chr.) verwendet.

(1) Über die Inschriften auf den sogenannten Steintrommeln (石鼓 shih-ku) vgl. L. LEDDERHOSE, zit., S. 25 - 27.

御製盛京賦有序

大篆

嘗聞以父母之心

為心者天下無不

友之凡弟以祖宗

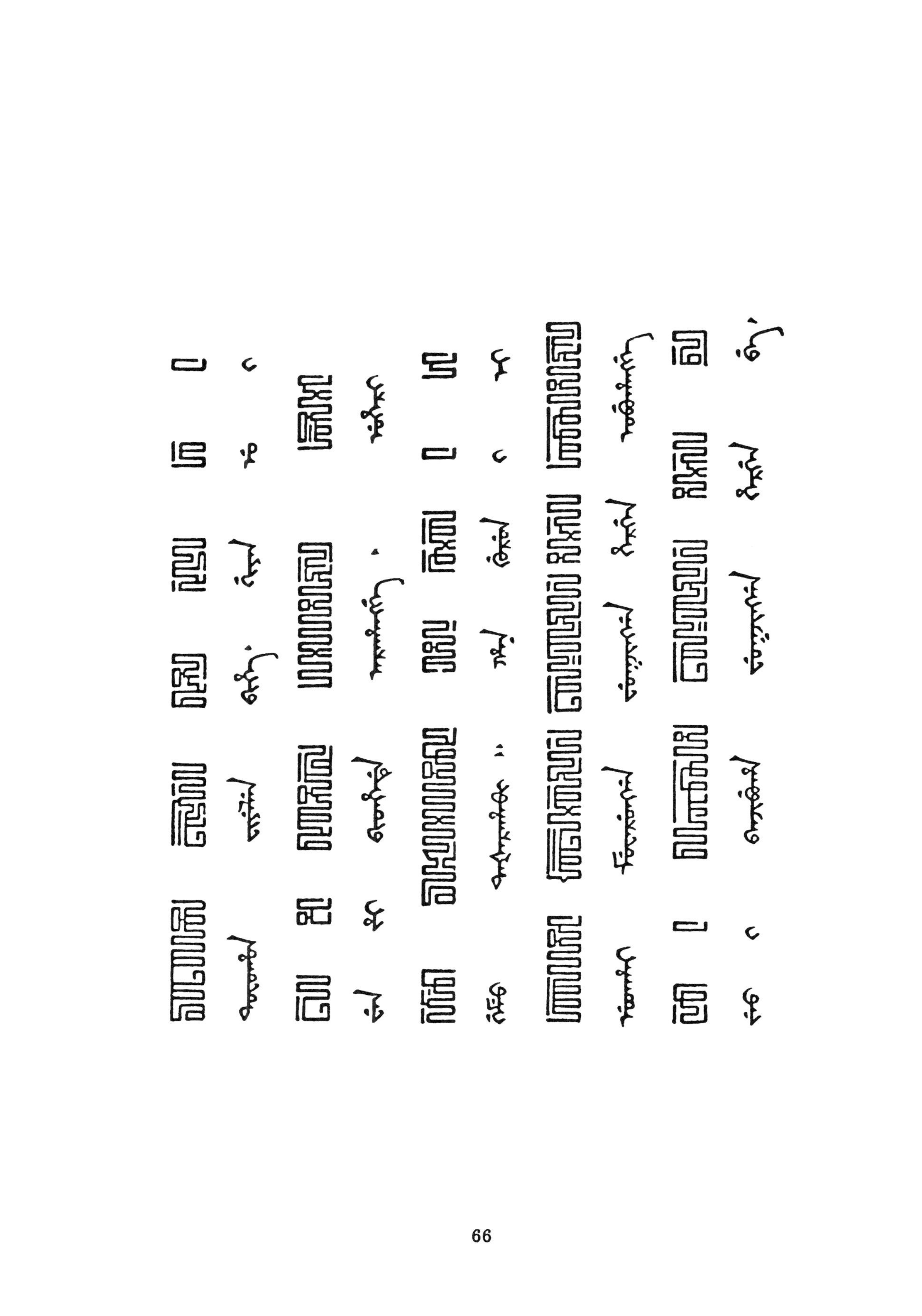

Abbildung 21 a-b

ZIERSCHRIFT DES WEIBLICHEN EINHORNS
麟書篆 lin-shu-chuan
sabintungga fukjingga hergen
(Quelle: CCTC, 12, 6813)

Über die Entstehung dieser Schrift berichtet das 書纂 Shu-tsuan (T'ang-Zeit, 618-907) folgende Legende:
Als Konfuzius (551-478 v. Chr.) an einer Jagd im Westen des Staates 魯 Lu[1] teilnahm und man dabei ein weibliches Einhorn[2] erbeutete, war er durch dessen Anblick sehr gerührt. Sein Schüler 曾子 Tseng-tzu entschloss sich daher, wie das 墨藪 Mo-sou berichtet, zur Erinnerung an jenes Ereignis diese Schrift zu schaffen.

(1) Im heutigen Schantung.
(2) Mandschurisch sabintu, im Gegensatz zum männlichen Einhorn, das kilin und später sabitun genannt wurde.
Nach E. HAUER, zit., S. 753, ist es "das erste der vierfüssigen Tiere. Es hat den Leib eines Damhirsches, den Schwanz eines Rindes, den Kopf eines Schafes, die Beine eines Pferdes, Rinderhufe und ein Horn mit Knötchen am Ende. Der Leib hat fünf verschiedene Farben. Es ist zehn Fuss und darüber hoch und von Natur herzensgut. Es tritt auf keine Insekten und Würmer und beschädigt keine Pflanzen."

御製盛京賦有序

麟書篆

嘗聞以父母之心

為心者天下無不

友之允弟以祖宗

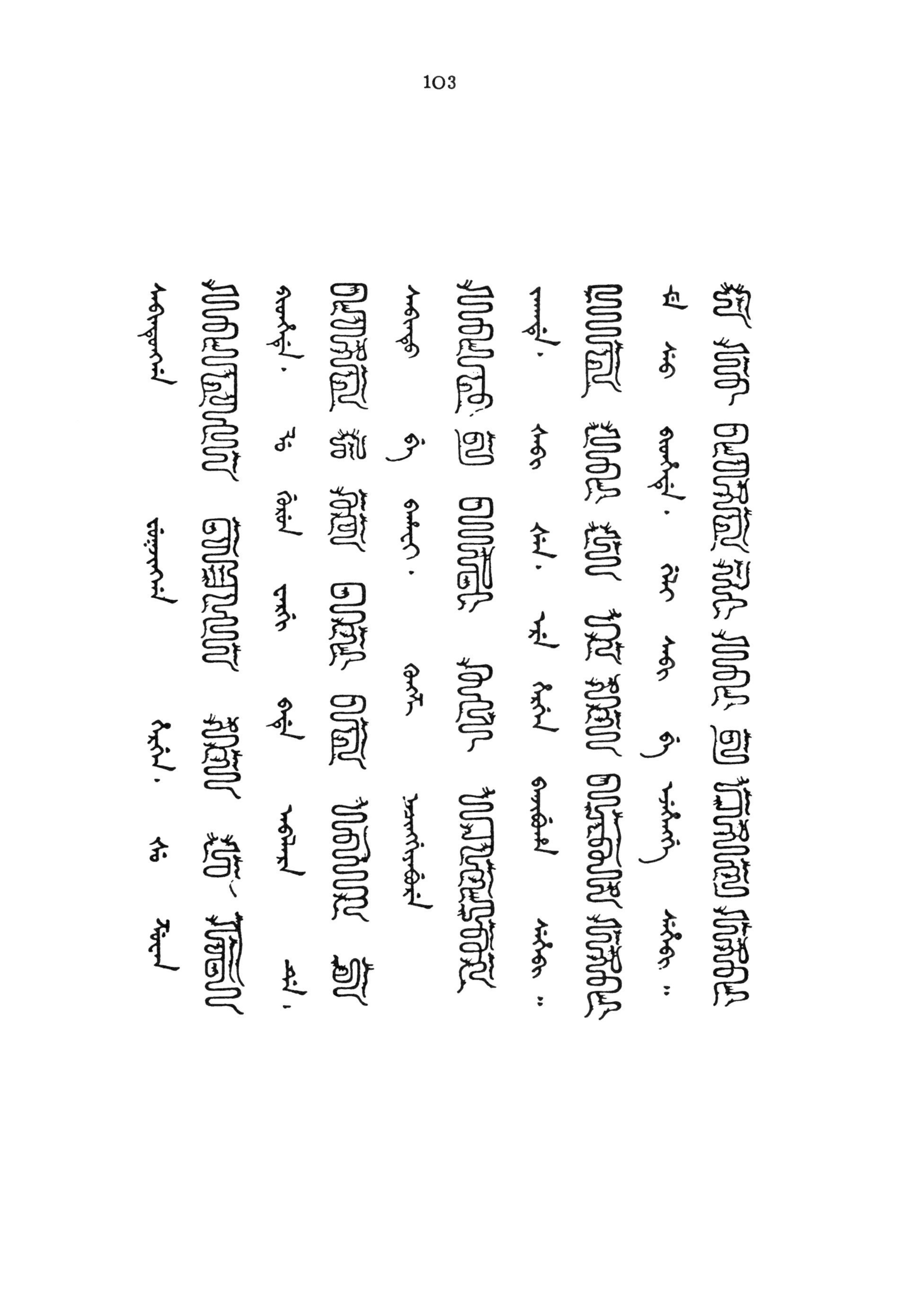

[illegible]
[illegible]
[illegible]
[illegible]
[illegible]
[illegible]
[illegible]
[illegible]
[illegible]
[illegible]

Abbildung 22 a-b

ZIERSCHRIFT DER KREISENDEN STERNE

轉宿篆 chuan-hsiu-chuan

šurdere usiha-i fukjingga hergen

(Quelle: CCTC, 12, 6813)

Nach dem 書纂 Shu-tsuan (T'ang - Zeit, 618-907) hat diese Schrift folgenden legendären Ursprung:
Zur Zeit des Herzogs 景 Ching aus dem Staate 宋 Sung[1] befand sich der Planet Mars unerklärlicherweise im Sternbild des Herzens[2]. Dieses gegen alle Gesetze des Sternenhimmels verstossende Phänomen konnte von den damaligen Astronomen schliesslich auf folgende Weise erklärt werden:da der Herzog alle drei Tugenden des guten Herrschers besass, wollte Mars das Universum davon in Kenntnis setzen indem er seine rechtsmässige Position um drei Stationen (d.h. Sterne) änderte.
Dieses Ereignis wurde vom Astronom 子韋 Tzu Wei aufmerksam verfolgt und beschrieben; dabei bediente er sich einer Schrift, bei der jedes Zeichen von den drei Sternen des Sternbildes "Herz" gekrönt war. Daraus entstand die Zierschrift der kreisenden Sterne, die nach dem 墨藪 Mo-sou (T'ang - Zeit) auch an Lotusknospen erinnert.

(1) Der Feudalstaat, der 1113 - 285 v. Chr. im heutigen Honan existierte und nicht mit der 960-1279 herrschenden Sung-Dynastie zu verwechseln ist.
(2) "Herz" ist der Name des fünften der 28 Sternbilder der chinesischen Astronomie und besteht aus den drei Sternen Antares, Sigma und Tau des Skorpion.

御製盛京賦有序
轉宿篆
嘗聞以父母之心
為心者天下無不
友之兄弟以祖宗

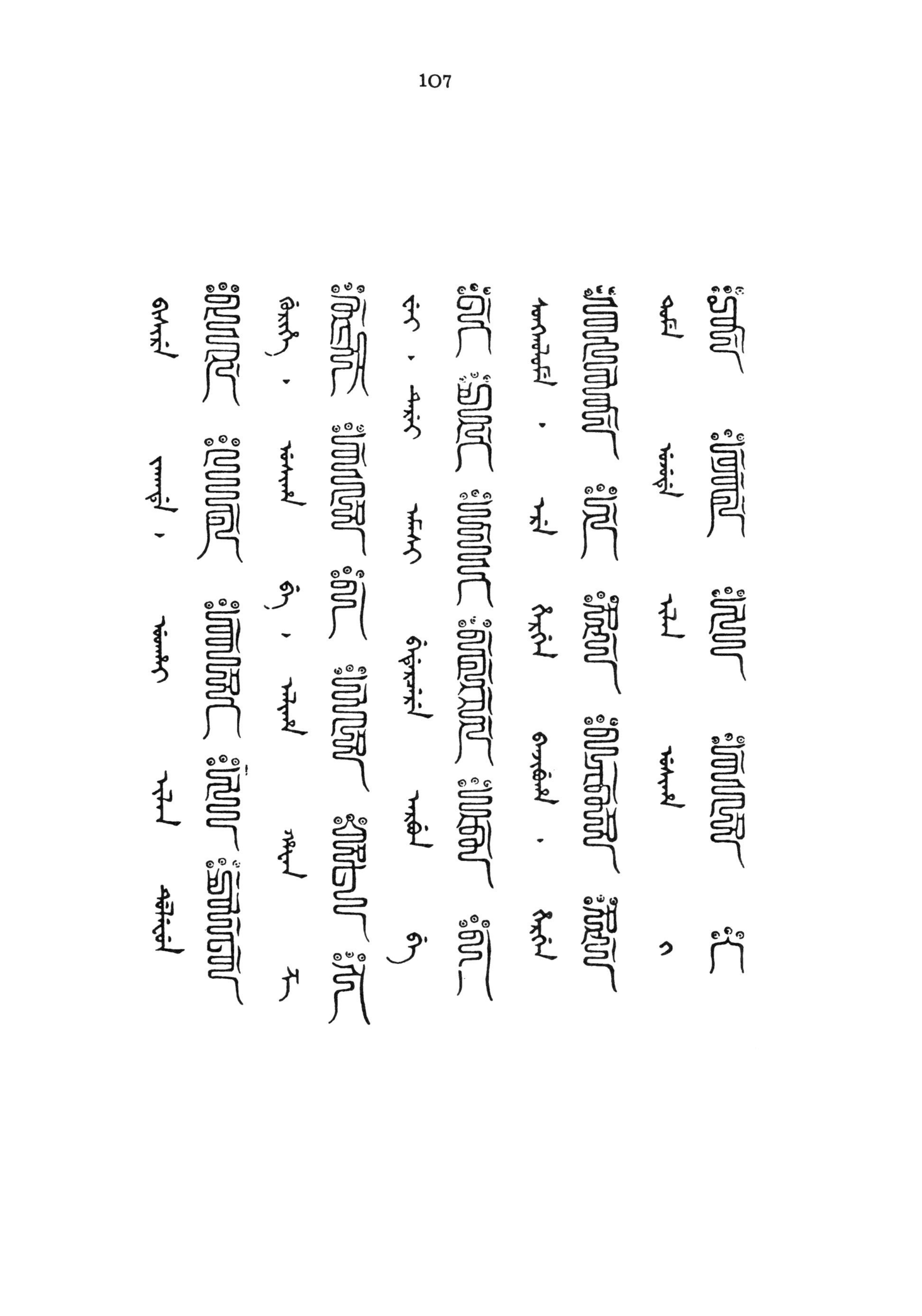

Abbildung 23 a-b

EINGRAVIERTE WURMARTIGE ZIERSCHRIFT
雕蟲篆 tiao-ch'ung-chuan
coliha umiyahangga fukjingga hergen
(Quelle: CCTC, 12, 6813)

Nach dem 書纂 Shu-tsuan (T'ang-Zeit, 618-907) wird diese Schrift auf Grund ihrer Linienführung auch Zierschrift des zitternden Pinsels(1) genannt. Ihre Entstehungsgeschichte wird vom Bonzen 夢英 Meng Ying (Sung-Zeit, 960-1279) überliefert:
Als der hohe Beamte 秋胡 Ch'iu Hu aus dem Staate Lu(2) von einer seiner vielen Dienstreisen nach Hause zurückkehrte, traf er seine Ehefrau beim Waschen der Seidenraupenkokons an. Beim Betrachten der eigenartig gekrümmten Form der Raupen kam er auf die Idee, sie als Grundzüge einer Schriftart zu verwenden. Deshalb heisst diese Schrift auch Würmerschrift(3) oder Wurmartig gewundene Schrift(4).
張表臣 Chang Piao-ch'en (Sung-Zeit) jedoch bestreitet diese doppelte Namensgebung und behauptet, es handle sich hierbei um zwei verschiedene Schriftarten.
Ein Meister dieser Schrift war 郭巨山 Kuo Chü-shan aus der Chin-Zeit (265-420).

(1) 戰筆書 chan-pi-shu, mandschurisch fi šurgebuhengge fukjingga hergen.
(2) Feudalstaat des 5. Jahrhunderts v. Chr. im heutigen Schantung.
(3) 蟲書 ch'ung-shu, mandschurisch umiyahangga fukjingga hergen.
(4) 蟲鳥書 ch'ung-niao-shu, wobei 鳥 niao ("Vogel") hier jedoch die Bedeutung "sich schlängeln, sich winden" hat. Diese zweifache Bedeutung des Zeichens hat oft zur falschen Übersetzung "Wurm-Vogel-Schrift" geführt.

御製盛京賦有序

雕蟲篆

嘗聞以父母之心爲心者天下無不友之兄弟以祖宗

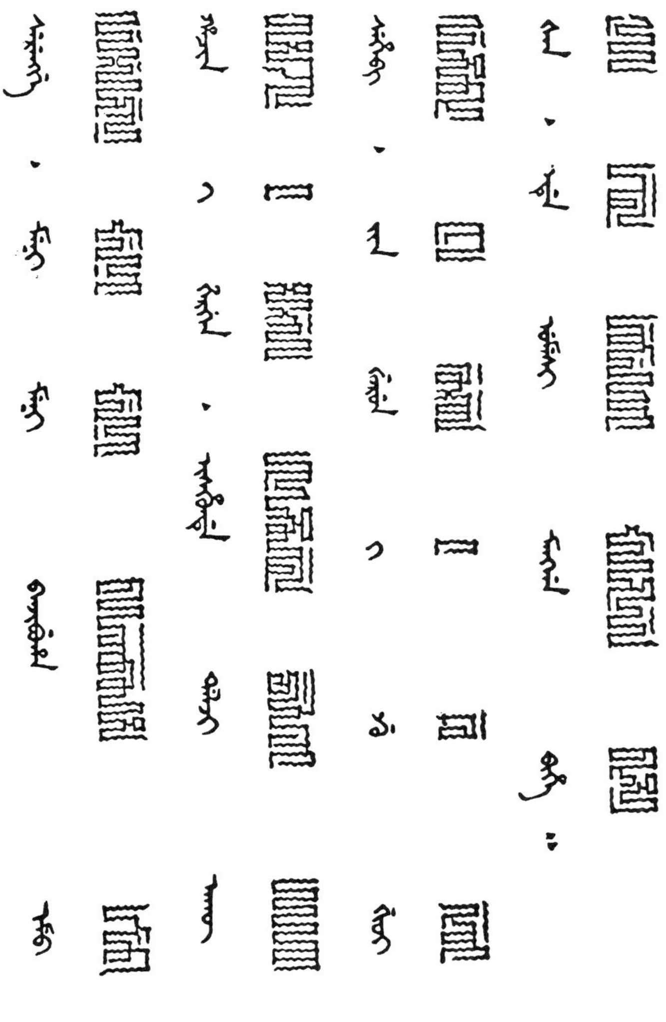

Abbildung 24 a-b

EINGEKERBT ÜBEREINSTIMMENDE ZIERSCHRIFT
刻符篆 k'o-fu-chuan

foloho acangga fukjingga hergen

(Quellen: CCTC, 12, 6813; Tz'u-hai, 183)

Das 書纂 Shu-tsuan (T'ang-Zeit, 618-907) berichtet, dass der Kanzler 李斯 Li Ssu und der mächtige Hofeunuch 趙高 Chao Kao, die wohl einflussreichsten Persönlichkeiten des Ch'in-Reiches (221-207 v.Chr.) den endgültigen Duktus dieser Schriftart geschaffen haben sollen.
Sie entstand zu jener Zeit, in der Li Ssu die alten Schriftformen durch acht neue - darunter die Eingekerbt übereinstimmende Zierschrift - ersetzen liess. Bei ihrer Schöpfung soll man die Grundzüge der Kleinen Siegelschrift (Abb.4 a-b) und der Zierschrift der Weidenblätter (Abb. 7 a-b) vereint haben, wodurch diese der Fliegenden weissen Zierschrift (Abb. 27 a-b) sehr ähnliche Schriftart entstand.
Der Name der Schrift bezieht sich auf ihre Anwendung auf den alten chinesischen Ausweisen, die aus zwei Hälften bestanden und beim Zusammenfügen "übereinstimmen" mussten, wodurch die Echtheit des Ausweises bezeugt bzw. ihre Überbringer legitimiert wurden. Ihre Verwendung ist auch für die Han-Zeit (206 v. - 220 n. Chr.) belegt und soll sogar bis in die Chou-Zeit (1122-256 v. Chr.) zurückgehen.

御製盛京賦有序

刺符篆

嘗聞以父母之心為心者天下無不友之兄弟以祖宗

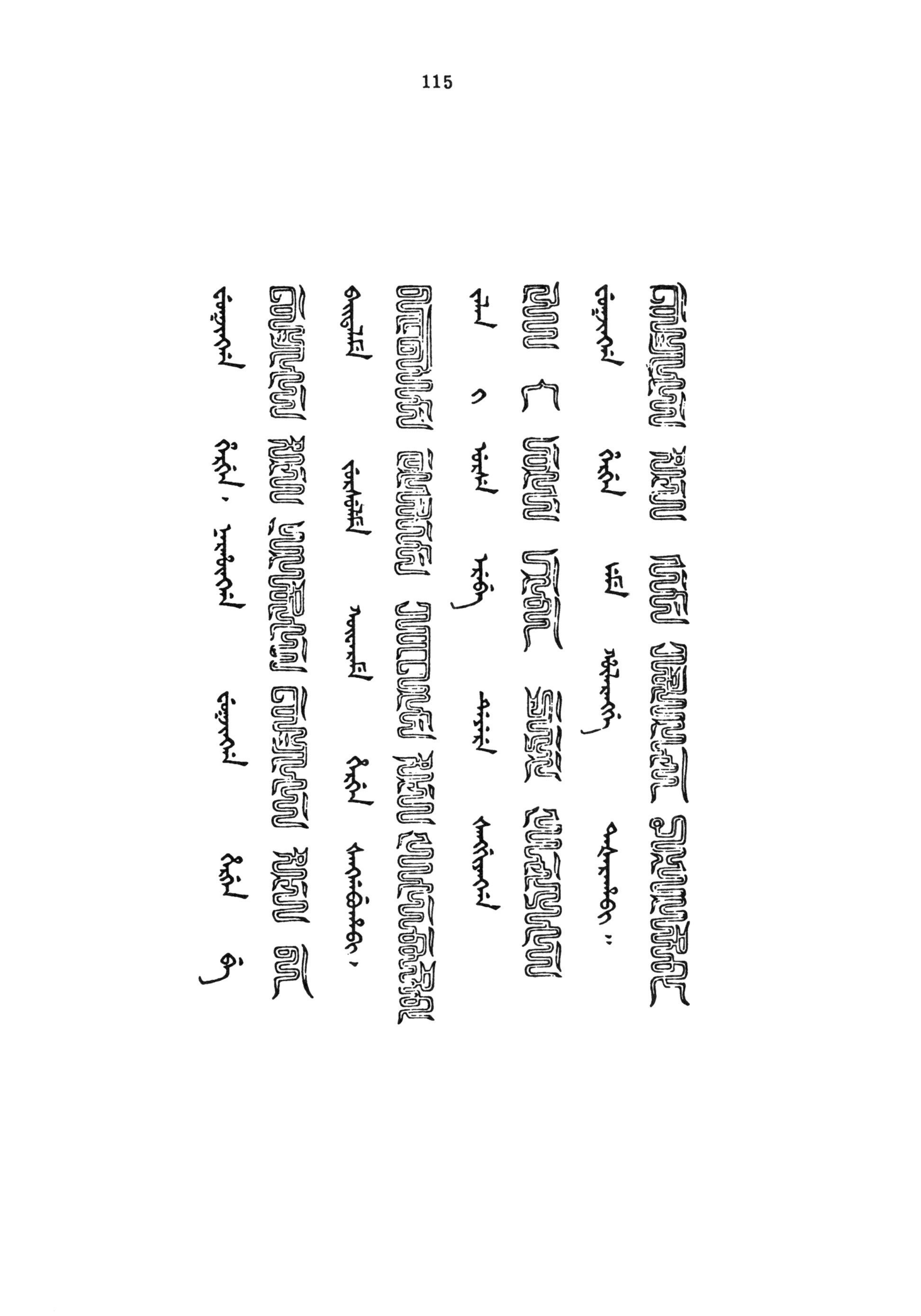

[illegible]

Abbildung 25 a-b

ZIERSCHRIFT DER GOLD - EINLEGUNGEN
金錯篆 chin-ts'o-chuan
aisin hiyahalangga fukjingga hergen
(Quelle: CCTC, 12, 6813)

Das 書纂 Shu-tsuan (T'ang - Zeit, 618-907) berichtet, dass gewisse, dieser Schriftform ähnliche Zeichen auf alten Münzen eingraviert waren, und zwar auf den Messermünzen der Chou - und Han - Dynastien (1122-256 v. Chr. und 206 v. - 220 n. Chr.).
胡正言 Hu Cheng-yen sammelte im frühen XVII Jahrhundert alle Zeichen, die er auf den Siegeln der Ch'in - (221 - 207 v. Chr.) und Han-Dynastie fand und versah sie mit einer gabelförmigen Verzierung, die dem doppelt geschriebenen Zeichen 了 ähnlich sah.
Der Name der Schrift stammt daher, weil die antiken, auf den Münzen eingravierten Zeichen ursprünglich mit Gold ausgelegt gewesen sein sollen.

御製盛京賦有序

金錯篆

嘗聞以父母之心

為心者天下無不

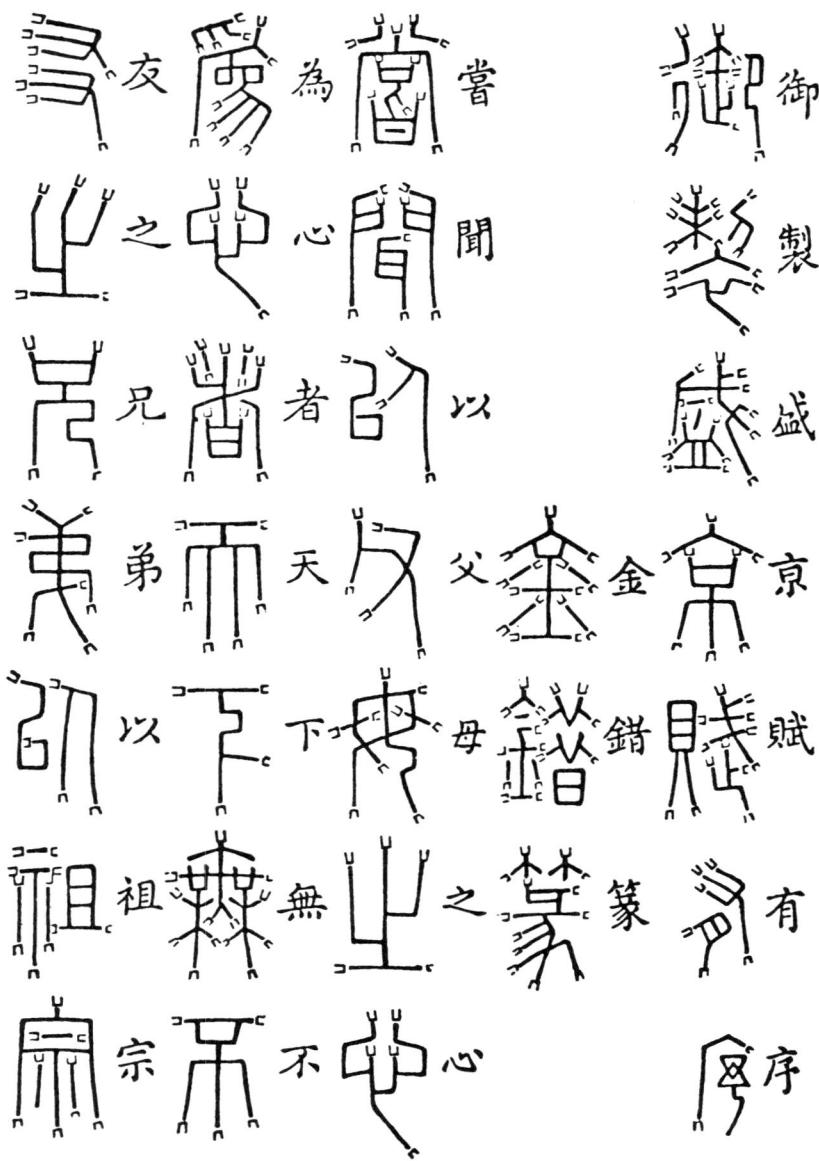

友之兄弟以祖宗

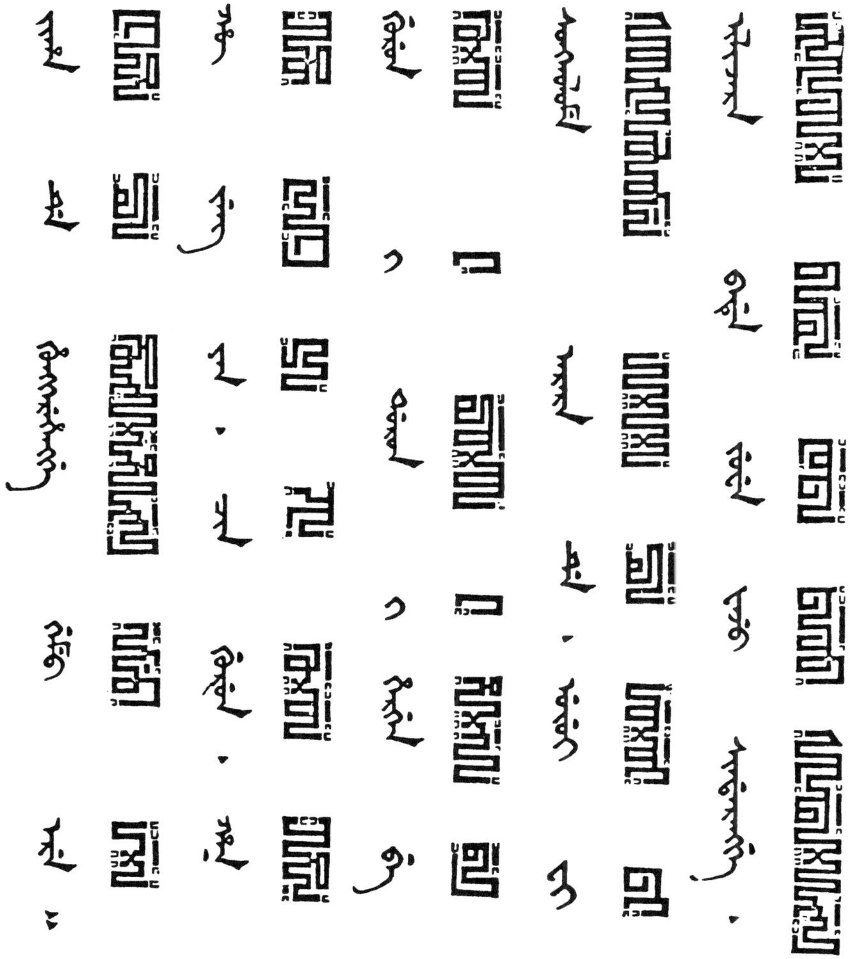

Abbildung 26 a-b

ZIERSCHRIFT DER KRANICHKÖPFE
鵠頭篆 ku-t' ou-chuan
yadana ujungga fukjingga hergen
(Quelle: CCTC, 12, 6813)

Diese Schriftart, dessen Erfinder nicht ermittelt werden konnte, ist auch unter dem gleichbedeutendem Namen 鶴頭篆 hao-t' ou-chuan, mandschurisch bulehen ujungga fukjingga hergen, bekannt.
Nach 韋續 Wei Hsü (T' ang - Zeit, 618-907) wurde diese Schrift auf kaiserlichen Edikten verwendet; Funde von Schrifttafeln aus der Han - Zeit (206 v.- 220 n. Chr.) beweisen, dass sie damals noch häufig benutzt wurde. Wenn man sie schreibt, muss der Pinsel zuerst voll angesetzt werden, sodass das Bild eines Vogelschnabels entsteht; sodann muss der Pinsel derart weitergeführt werden, dass die Linie der Form eines Vogelkopfes ähnelt.
Kenner der Schrift vergleichen sie mit in weiter Ferne sichtbaren Segelschiffen bei ruhigem Meer oder mit Bergen, die sich mit den Farben des Herbstes überziehen.

御製盛京賦有序

鵠頭篆

嘗聞以父母之心

為心者天下無不

友之兄弟以祖宗

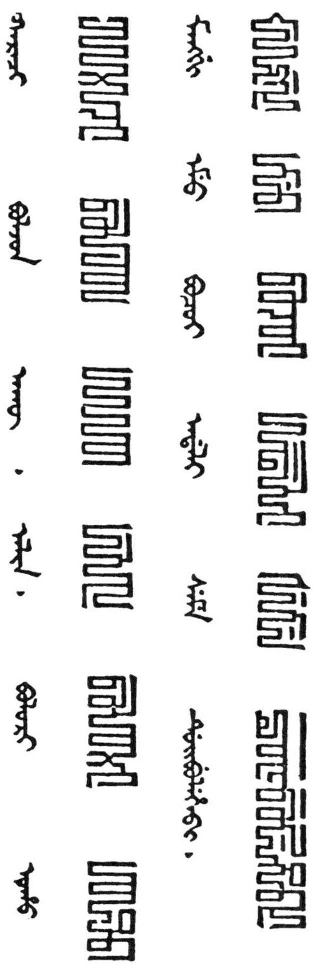

Abbildung 27 a-b

FLIEGENDE WEISSE ZIERSCHRIFT
飛白篆 fei-pai-chuan
deyere šanyangga fukjingga hergen
(Quellen: CCTC, 12, 6813; Tz'u-hai, 1487)

Nach dem 書纂 Shu-tsuan aus der T'ang-Zeit (618-907) ist 蔡邕 Ts'ai Yung (133-192) der Schöpfer dieser Schrift.
Als Ts'ai Yung sein Werk 聖皇篇 Sheng-huang-p'ien dem Kaiser 靈帝 Ling Ti (168-189) vorlegen wollte, kam er auf dem Weg zur Thronhalle in die kaiserliche Bibliothek, in der gerade Verschönerungsarbeiten im Gange waren. Er beobachtete die Diener bei ihrer Arbeit und sah, wie sie beim Kehren mit den Besen zeichenähnliche Linien im Verputz hinterliessen. Wieder nach Hause zurückgekehrt, vergnügte er sich damit, jene Linien zu einer neuen Schrift auszuarbeiten.
Später wurde diese Schriftform von 王子猷 Wang Tzu-yu, Vater und Sohn, vervollständigt.
Kaiser 武帝 Wu Ti (502-550) der Liang (502-557) sagte einmal im Gespräch zu 蕭子雲 Hsiao Tzu-yün: "Die von 獻之 Hsien-chih geschriebenen Zeichen scheinen zu fliegen, sind aber nicht weiss; die von dir geschriebenen Zeichen sind weiss, scheinen aber nicht zu fliegen. Wäre es nicht möglich, beide Eigenschaften zu vereinen ?"
Darauf arbeitete Hsiao Tzu-yün die endgültige Form aus, die dann von 歐陽詢 Ou Yang-hsün (T'ang-Zeit) überliefert wurde.
Die Schrift ist durch die weiten Zwischenräume zwischen den einzelnen Linien gekennzeichnet, wodurch sie "weiss" erscheint und so den Eindruck erweckt, als würde sie fliegen.

御製盛京賦有序

飛白篆

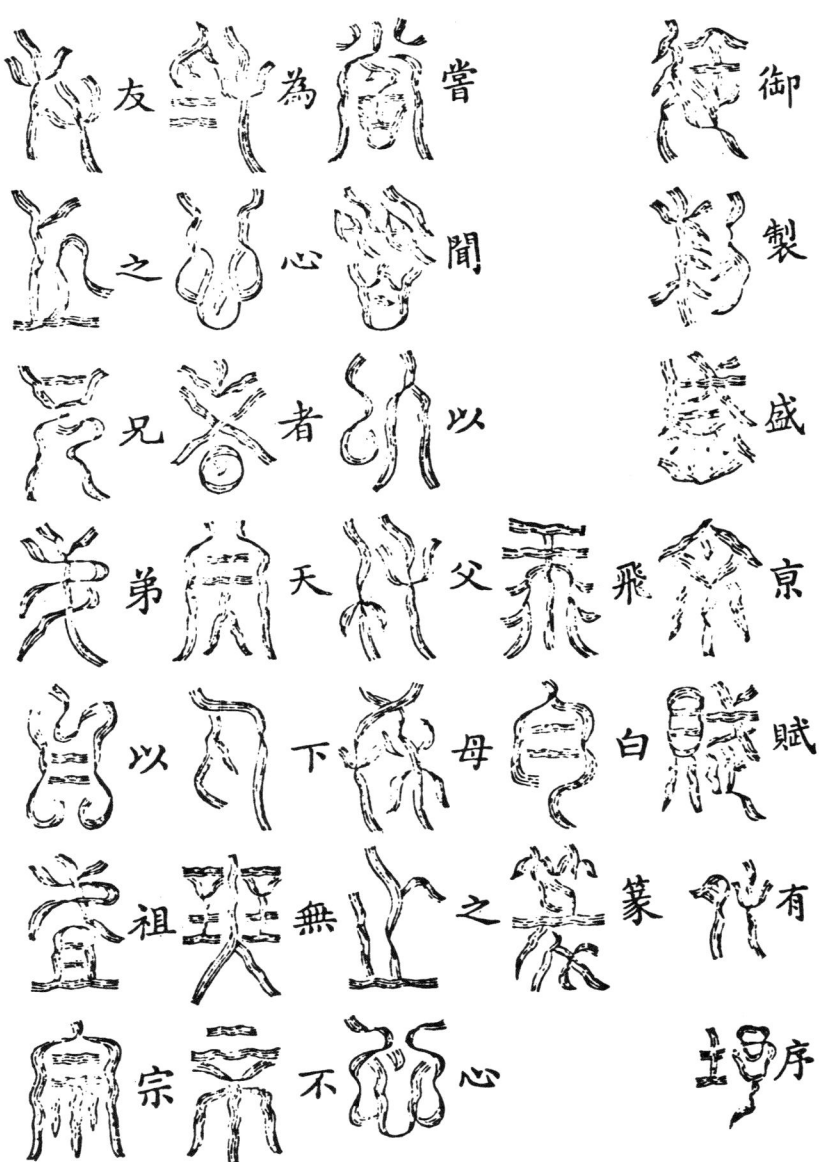

嘗間以父母之心為心者天下無不友之兄弟以祖宗

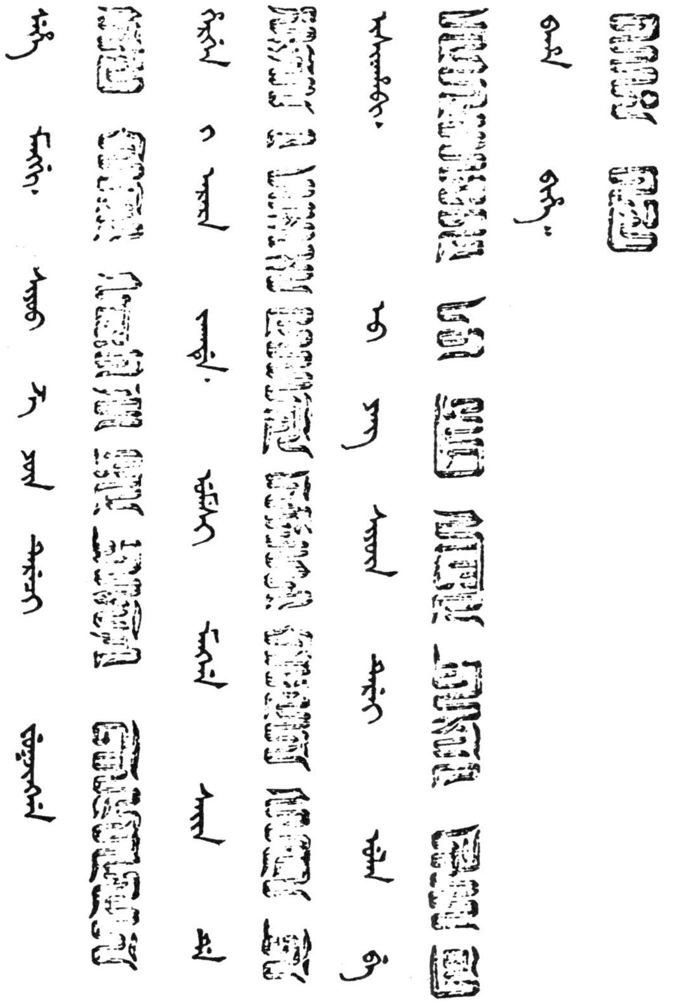

Abbildung 28 a-b

ZIERSCHRIFT DER DRACHENKLAUEN
龍爪篆 lung-chuan-chuan
muduri ošohonggo fukjingga hergen
(Quelle: CCTC, 12, 6813-6814)

Über die Entstehung dieser Schrift überliefert der Bonze 夢英 Meng Ying (Sung-Zeit, 960-1279) folgende Legende:
Als der Literat 王右軍 Wang Yu-chün vom Berg 天台 T'ien T'ai zurückkehrte, kam er nach 會稽 Kuei-chi. Um den kühlen Wind und die helle Mondnacht besser zu geniessen, begab er sich zum Pavillon 桐亭 T'ung-t'ing. Dort ritzte er in einen Pfeiler das Zeichen 飛 (fei-fliegen) und fand, dass es eine grosse Ähnlichkeit mit den Klauen eines Drachen hatte. Darauf schuf er weitere Zeichen dieser Art und nannte sie "Drachenklauenschrift".
Später hat 王僧虔 Wang Seng-ch'ien (Südliche Ch'i-Zeit, 479-502) diese Schrift weiterentwickelt und nannte sie "Tigerklauenschrift".

御製盛京賦有序

龍爪篆

嘗聞以父母之心

爲心者天下無不

友之凡弟以祖宗

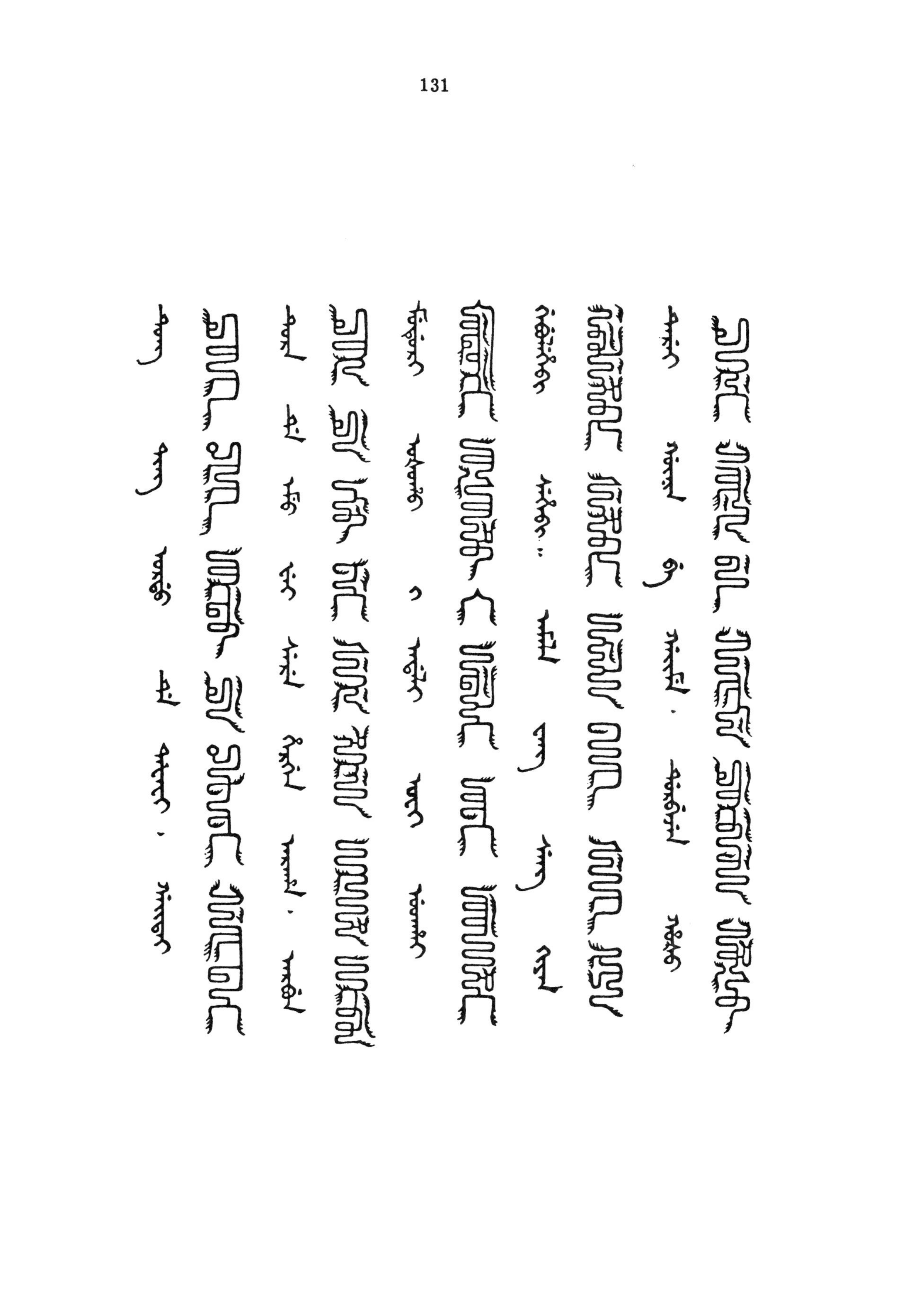

Abbildung 29 a-b

ZIERSCHRIFT DER WUNDERBAREN ZEICHEN (chinesisch)
WUNDERBARE ZIERSCHRIFT (mandschurisch)
奇字篆 ch'i-tzu-chuan
ferguwecuke fukjingga hergen
(Quelle: CCTC, 12, 6814)

張懷瓘 Chang Huai-kuan (T'ang-Zeit, 618-907) schrieb in seinem Werk 書斷 Shu-tuan, dass sich bereits 史籀 Shih Chou (Chou-Zeit, 1122 - 256 v. Chr.) dieser Zeichen bedient habe, die angeblich schon damals in Büchern und auf Steintrommeln verwendet wurde.
蕭子良 Hsiao Tzu-liang (Südliche Ch'i-Zeit, 479-502) berichtet, dass 甄豐 Chen Feng (Han-Zeit, 206 v. - 220 n. Chr.) die Grosse Siegelschrift als Muster genommen habe, um daraus diese Zierschrift zu schaffen.
Welche Theorie der Wahrheit näher kommt, kann nicht mehr mit Sicherheit festgestellt werden.
Fest steht nur, dass 揚雄 Yang Hsiung (Han - Zeit) diese von 劉棻 Liu Fen übernommene Schrift zur Perfektion gebracht und überliefert hat.

御製盛京賦有序

奇字篆

嘗間以父母之心

為心者天下無不

友之兄弟以祖宗

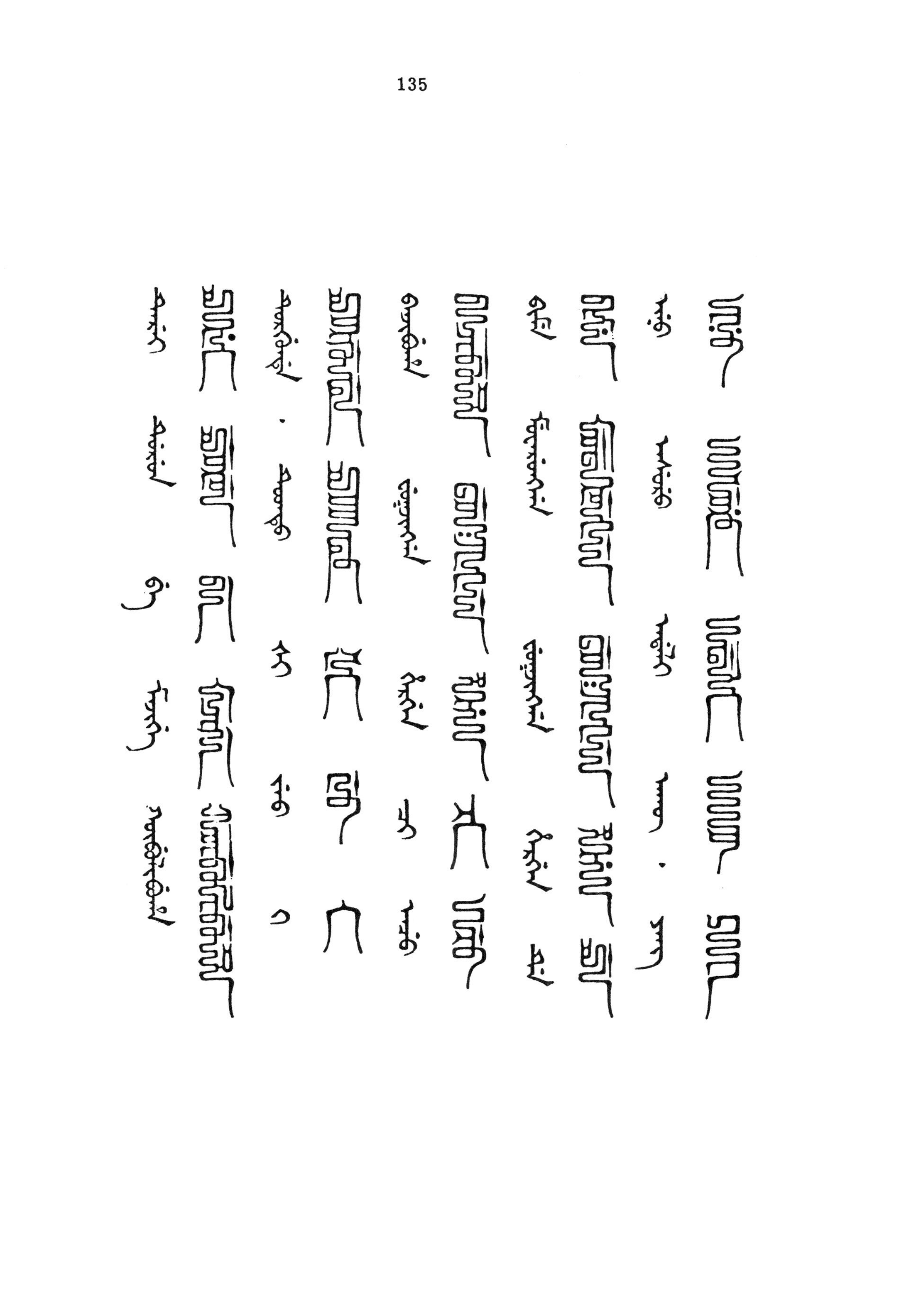

Abbildung 30 a-b

ZIERSCHRIFT DER FRANSEN
纓絡（落）篆 ying-lo-chuan
bokidangga fukjingga hergen
(Quelle: CCTC, 12, 6814)

Der Bonze 夢英 Meng Ying (Sung-Zeit, 960-1279) berichtet, dass 劉伯升 Liu Po-sheng (Han-Zeit, 206 v. - 220 n. Chr.) diese Schrift erfunden hat, nachdem er die Pracht des nächtlichen Sternenhimmels genossen hatte. Dabei änderte er alte Vorlagen nach dem Vorbild der sogenannten "Kanzleischrift"(1) und verlieh den neuen Zeichen gewisse Züge der Kaulquappenschrift (Abb. 15 a-b) und der Zierschrift der Phönixe und Kalaviṅka - Vögel (Abb. 14 a-b).
Ihre grösste Verbreitung erfuhr diese Schrift unter der Späteren Han-Dynastie (25 - 220 n. Chr.).

(1) 隷書 Li-shu wird jene Schriftart genannt, die angeblich von 程邈 Ch'eng Mo (Ch'in-Zeit, 221-207 v. Chr.) während seines Gefängnis-Aufenthaltes zu 雲陽 Yün-yang aus der Grossen Siegelschrift geschaffen wurde. Kaiser 始皇帝 Shih-huang-ti der Ch'in-Dynastie fand so grossen Gefallen an dieser Schrift, dass er sie für den Kanzleigebrauch bestimmte und seinem Erfinder die Freiheit schenkte.

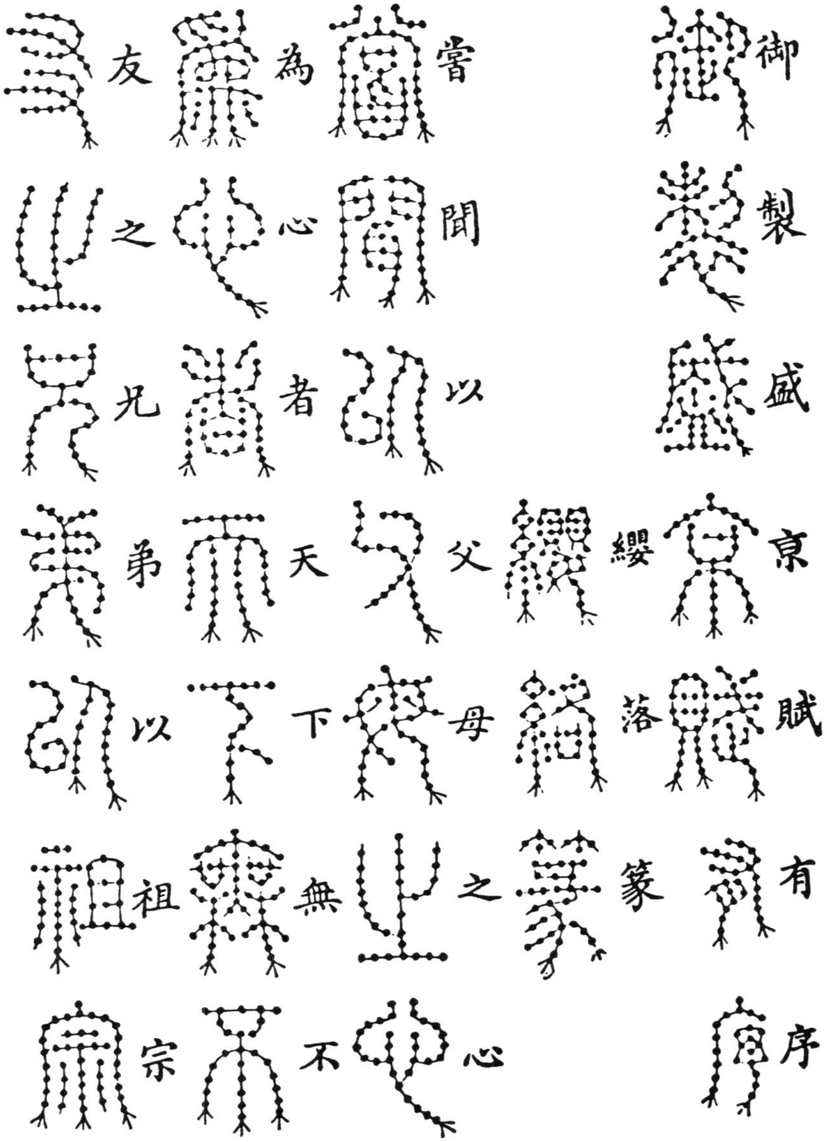
御製盛京賦有序
纓落篆
嘗聞以父母之心
為心者天下無不
友之兄弟以祖宗

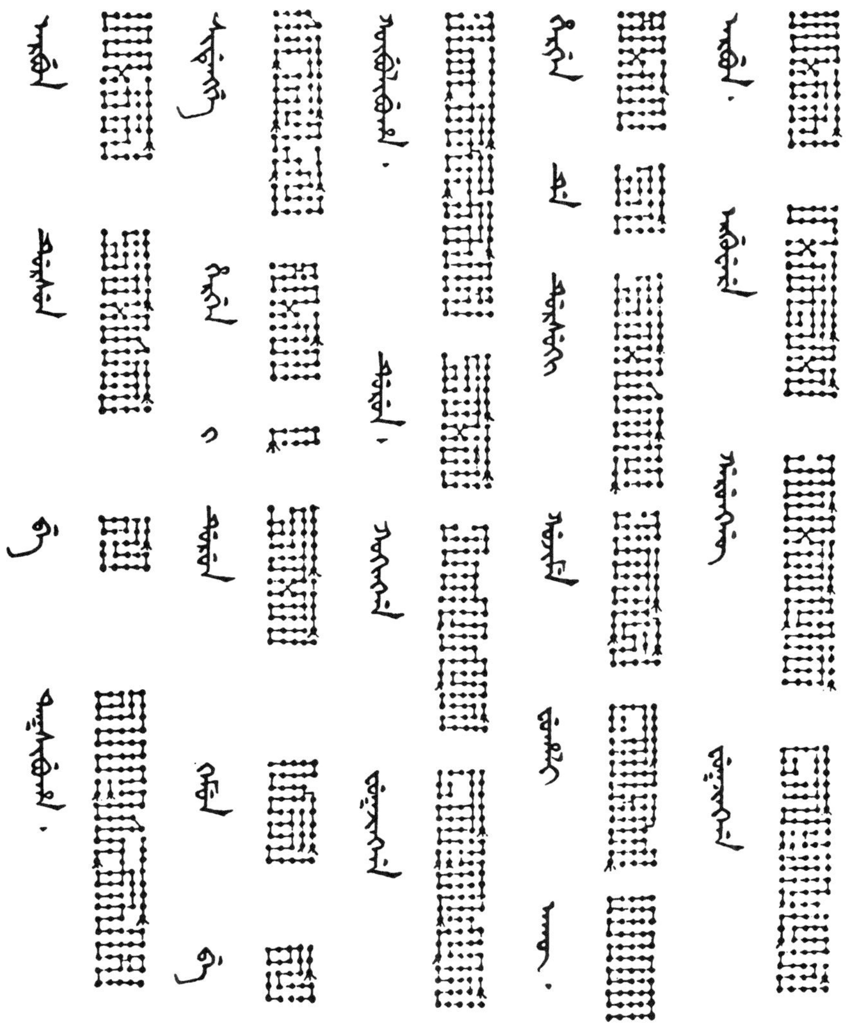

Abbildung 31 a-b

SCHERENFÖRMIGE ZIERSCHRIFT
剪刀篆 chien-tao-chuan
hasahangga fukjingga hergen
(Quelle: CCTC, 12, 6814)

Es wird angenommen, dass diese Schriftart unter der Wei-Dynastie (220-265) von 韋誕 Wei Tan geschaffen wurde.
Der Bonze 夢英 Meng Ying (Sung - Dynastie, 960-1279) behauptet, es handle sich dabei nur um einen anderen Namen für die Zierschrift der Gold-Einlegungen (Abb. 25 a-b). Diese Meinung ist jedoch nicht zutreffend und man kann vielmehr annehmen, dass jene Schrift als Muster für die Scherenförmige Zierschrift diente und dass beide Schriftformen wahrscheinlich von ein und demselben unbekannt gebliebenen Künstler geschaffen wurde.

御製盛京賦有序
剪刀篆之
嘗聞以父母之心
爲心者天下無不
友之凡弟以祖宗

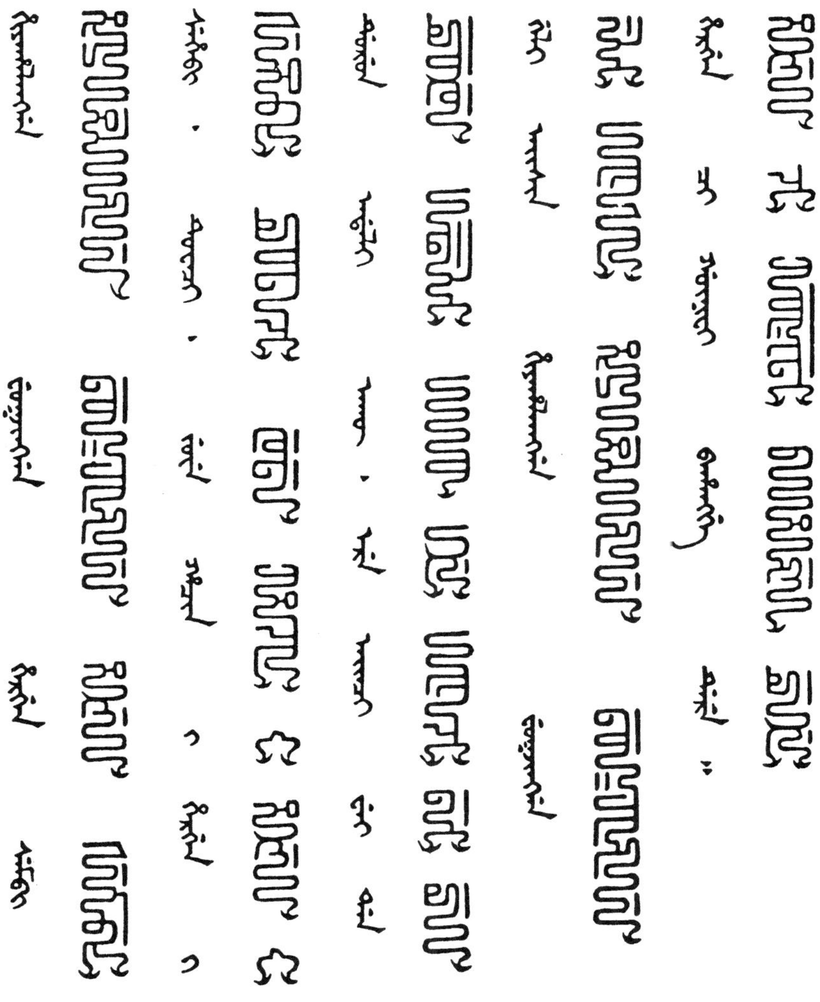

Abbildung 32 a-b

PI - LO - ZIERSCHRIFT(1) (chinesisch)
GRÜN ÜBERZOGENE ZIERSCHRIFT (mandschurisch)
碧落篆 pi-lo-chuan
niohon elbengge fukjingga hergen
(Quelle: CCTC, 12, 6814)

段成式 Tuan Ch'eng-shih aus der T'ang-Zeit (618-907) behauptet, dass diese Schrift ursprünglich auf Gedenksteinen verwendet wurde. 李肇 Li Chao und 董逌 Tung Yu (Sung-Zeit, 960-1279) berichten, dass der älteste Stein mit jener Schriftart im 龍興宮 Lung-hsing-kung ("Palast des aufsteigenden Drachen") in 絳州 Chiang-chou(2) gefunden wurde. Da der Palast ursprünglich 碧落觀 Pi-lo-kuan ("Warte des blauen Himmels") hiess, wurde auch die darin gefundene Schrift so genannt.
歐陽修 Ou Yang-hsiu (Sung-Zeit) jedoch schreibt in seinem Werk 集古錄 Chi-ku-lu, in jenem Palast habe sich eine sogenannte Pi-lo-Buddhastatue(3) befunden, die mit eigenartigen Schriftzeichen bedeckt war und die man nach der Statue selbst benannte.
In seinem Werk 潛溪志 Ch'ien-ch'i-chih berichtet 宋濂 Sung Lien (Ming-Zeit, 1368-1644), dass jene Buddhastatue aus der T'ang - Zeit stamme: sie soll von 李訓 Li Hsün, dem Sohn des 李元嘉 Li Yüan - chia (der unter dem Namen 韓王 Han Wang besser bekannte Sohn des Gründers der T'ang - Dynastie) für seine Mutter aufgestellt worden sein. Der Erfinder der auf der Statue eingemeisselten Inschrift soll jedoch unbekannt geblieben sein.

(1) Die Übersetzung aus dem Chinesischen richtet sich nach jener Theorie, die man als richtig akzeptiert. Die mandschurische Bezeichnung ist nur eine stereotype Übersetzung der chinesischen Zeichen, die nicht auf den historischen Hintergrund eingeht (vgl. Note 3).
(2) Im heutigen Shansi.
(3) pi bezeichnet den grünen Nephrit, lo bedeutet "fallen, bedecken": daher der mandschurische Name der Schrift.

李璿之 Li Hsüan-chih behauptet in seinem Werk 玉京宮記 Yü-ching-kung-chi, ein gewisser 陳惟玉 Ch'en Wei-yü habe diese Schrift erfunden.
李漢 Li Han wiederum schreibt in seinem 黃公記 Huang-kung-chi, dass die Zeichen von 李譔 Li Chuan, dem jüngeren Bruder des bereits genannten Li Hsün, stammen sollen.
Im Werk 洛中記異 Lo-chung chi-i wird schliesslich erzählt, dass zwei göttliche Wesen in Taubengestalt diese Schriftart geschaffen haben.
Man darf als sicher annehmen, dass diese Zierschrift unter den Ch'in (221 - 207 v. Chr.) aufgekommen und unter den Han (206 v. - 220 n. Chr.) vervoll - kommnet wurde.

御製盛京賦有序

碧落篆

嘗聞以父母之心

為心者天下無不

友之兄弟以祖宗

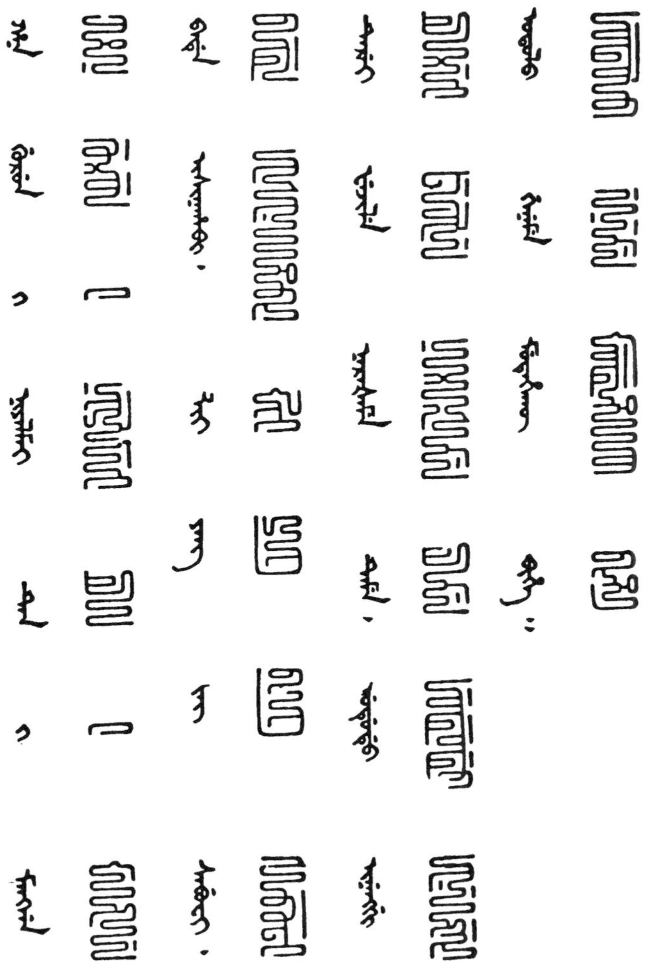

ZITIERTE WERKE

AMIOT, P.: Eloge de la ville de Moukden et de ses environs. Paris 1770.

BERNHARDI, A.: Chinesische Stempel. Baessler-Archiv, VI/3, Berlin 1917.

BODDE, D.: China's First Unifier. A Study of the Ch'in Dynasty as seen in the Life of Li Ssu 280 (?) - 208 B.C. Hongkong 1967.

清朝通志 Ch'ing - ch'ao t'ung - chih, Hsin - ching - Nachdruck, o. D.

清史 Ch'ing - shih, I - VIII, Taipei 1961.

中國人民大辭典 Chung - kuo jen - min ta - tz'u - tien, ND Taipei 1975.

DE GROOT, J.J.M.: The Religious System of China, I-VI, Leiden 1907[1], Taipei 1976[2].

DORE', H.: Researches into Chinese Superstitions, I-X, Shanghai 1914[1], Taipei 1966[2].

ERKES, E.: Chinesische Literatur. Breslau 1922.

FUCHS, W. : Beiträge zur mandjurischen Bibliographie und Literatur. Tokyo 1936.

FUCHS, W. : La letteratura della Manciuria, in Le civiltà dell' Oriente, II, Firenze - Roma 1957.

HAUER, E.: Handwörterbuch der Mandschusprache, Tokyo - Hamburg - Wiesbaden 1952 - 1955.

HAUER, E.: Huang-Ts'ing k'ai - kuo fang - lüeh, Die Gründung des mandschurischen Kaiserreiches. Berlin - Leipzig 1926.

HOANG, P.: Mélanges sur l'administration (Variétés sinologiques N. 21), Shanghai 1902.

HUMMEL, A.W.: Eminent Chinese of the Ch'ing Period, Washington 1943-44[1], Taipei 1964[2].

KARA, D.: Knigi mongol'skich kočevnikov. Moskva 1972.

KLAPROTH, J.: Chrestomathie mandchou, ou recueil de textes mandchou. Paris 1828.

LEDDERHOSE, L.: Die Siegelschrift (Chuan-shu) in der Ch'ing-Zeit. Wiesbaden 1970.

李德啓 LI TE-CH'I: 滿洲文字之來源及其演變 Man-chou wen-tzu chih lai-yüan chi-ch' yen-pien, in Bulletin of the National Library of Peiping, V/6, 1932.

滿漢篆字各體圖版乾隆御製盛京賦 Man-han chuan-tzu ko-t'i t'u-pan Ch'ien-lung yü-chih Sheng-ching-fu. Dairen 1932.

PFIZMAIER, A.: Zur Geschichte der Erfindung und des Gebrauches der chinesischen Schriftgattungen. Sitzungsbericht der Akademie der Wissenschaften, Band 70, Wien 1872.

SCHINDLER, B.: Die äussere Gestaltung der chinesischen Schrift, in Ostasiatische Zeitung, VI (1918).

字原 Tz'u - hai, ND Hongkong 1974.

辭源 Tz'u - yüan, ND Hongkong 1975.

WILLIAMS, C.A.S.: Encyclopedia of Chinese Symbolism and Art Motives, New York 1960.

ZACHAROV, I.: Polnyj man'čžursko-russkij slovar', St.Peterburg 1875.